Sports Advantage Booklet 6

箱根駅伝の正体を探る

JN170845

Sports Advantage Booklet 6

箱根駅伝の正体を探る

Contents

▲東京箱根間往復大学駅伝競争（箱根駅伝）往路のスタート（第 91 回大会）

▲読売新聞社：旧本社前（左）と現在（右）

▼エースが集う華の２区

▲伝統校：日本大学（左）、中央大学（右）

▲襷（たすき）リレー

▼沿道に掲げられた多くの幟（のぼり）

5区：多くのドラマが生まれた箱根の山登り

▲芦ノ湖近くの往路ゴール

▼6区：復路スタートは山下り（雪路を下ることもしばしば。右下は日体大の谷口浩美選手）

▼遊覧船からの観戦・芦ノ湖

▶監督から給水を受ける選手

歓喜のゴール（▲大手町・読売新聞社前（2016 年）、▼旧読売新聞社前）

▼選手・関係者と多くの報道陣に囲まれ、宙に舞う

箱根駅伝はなぜ愛されるのか

岡崎満義　ジャーナリスト

箱根駅伝の応援はわが家になくてはならない正月の行事の一つである。１９６４年（昭和39年）の東京オリンピックの直後、湘南海岸にできた辻堂団地に引っ越してきて、その後２回転居したがいずれもその近くで、国道１３４号線を走る往路３区と復路８区の選手たちの応援に必ず午前10時半頃出かけた。１９６５年の正月から応援しているので、今年で51年目になる。

昔は各大学の監督コーチはサイドカーに乗って選手に伴走していた。早大の中村清監督がサイドカーの中で「都の西北」を歌って選手を励ましていた姿は今も忘れられない。中村監督は12月になると神宮外苑で練習を終えた選手たちを自宅に集めて、道元の「正法眼蔵」を読み聞かせていた。その不思議な〝授業〟ぶりを取材して以来、私は中村・早大チームのファンになった。しかし、実際に駅伝の当日応援に行くと、うっすらと額や腕に汗を光らせてあっという間に風のように私の目の前を走り去っていく選手のみんなに思わず「がんばれぇ！」と大声をあげ、主催新聞社が配ってくれる紙の小旗を打ち振るのである。早大びいきの気持ちはどこかに吹っ飛んでしまう。それくらい懸命に走る選手たちはみんな魅力的な存在なのである。

箱根駅伝は１９２０年（大正９年）に日本陸上長距離界の草分けと言える金栗四三さんたちの肝入りで始まったようだから、その狙いは多分、オリンピックなど世界に通用する長距離ランナー育成にあったに違いない。しかし、１００年近い歴史をもつ箱根駅伝から世界的な長距離ランナーは殆ど出ていない。私が名をあげられるのは瀬古利彦さんぐらいだ。むしろ、〝箱根駅伝燃え尽き症候群〟とでも言いたくなるような、大学卒業後は伸び悩む選手の方が圧倒的に多いのではないか。例えば数年前、５区の驚異的な山上りで〝山の神〟といわれ全国に名をはせた東洋大の柏原竜二選手も、卒業後はパッとしない。

長距離を走るという点においては、マラソンや１万ｍのランナーと駅伝のランナーと何ら変わりはない。違う点は唯一つ、駅伝はタスキをつなぐというところだ。マラソンで途中棄権は珍しいことではないが、駅伝では1人が走れなくなったら他の9人を道づれにするも同然である。足が折れても、脱水症状になっても這ってでもタスキを渡さなければならない。重い責任が一人一人の肩にずっしりとかかってくる。だからこそチームの「和」が最も重視される。何よりも自立と個性が求められるのがアスリートのはずだが、それと同じかそれ以上に「和」が求められるのが駅伝と言ってもいいだろう。球技などのチームスポーツでももちろん和、チームワークは重要な条件だが、選手にはそれぞれ異なった役割分担がある。役割に伴うそれぞれの自由と責任がある。ところが駅伝では、10人とも走るという同一の行為をしているので、他との違いはない。せいぜい山上り、山下りという位だ。それだけにいっそう「和」という精神性の価値が大きくなり、選手に特別緊張感を意識させるに違いない。あらゆるものがグローバル化する現代にあって、箱根駅伝は古風な美徳の「和」が特別な意味を持つスポーツなのである。どこか忠臣蔵の47士の団結心に似たものを感じたりする。それが私たち日本人の美意識、倫理観と体の奥深い所で共鳴するのであろう。箱根駅伝が愛されるゆえんである。

冬の箱根駅伝と夏の甲子園高校野球は日本人にとって、少なくとも私にとっては相似形の関係にある。20年ぐらい前だったか、共同通信社のスポーツ世論調査で面白い結果が出た。こと野球に関しては年齢が高くなればなるほど、プロ野球より高校野球愛好者が増えてくるのである。47都道府県から49校のチームが母校と郷土の名誉を背負って熱戦を繰り広げる。18歳で郷里を離れた私のような人間にとって夏の甲子園は郷土愛を確認させてくれる時間である。甲子園の高校野球にはそういう故郷への思いだけでなくそれ以上に深い意味があるように思う。汗を流し土にまみれひたすらに白球を追う少年たちの姿に、思わず自分を重ねてしまう。そういう自分にハッとする。日本人は成熟した大人になりたくないのではないか。今はすっかり俗っぽい大人になってしまったが、本当は純粋無垢な少年であり続けたかったのではないか。グローバル化した現代社会では、日本人も成熟した大人になることが求められる。それしか生き延びる道はない。しかし本当は少年の心を持ったまま生きたいのではないか。そういう意味で甲子園の高校野球と大学の箱根駅伝は私の中で相似形でつながっているのである。日本人であることの意味を問い続ける二つのスポーツなのである。

特集　箱根駅伝の正体を探る

「ラジオ・スポーツ」から「テレビの華」へ

―放送技術を結集させた「箱根駅伝」―

杉山　茂　スポーツプロデューサー

テレビスポーツの年明けは1月2日、日本テレビの「東京箱根間往復大学駅伝競走」(「箱根駅伝」)によって告げられる。

元日を彩る伝統的な大会の放送もあるが、新春早々の2日間合わせて12時間を超える圧倒的な中継時間量。すべての画面に物語を描き出すロードレース特有の興奮は、テレビ界がスポーツファンへ送る賀詞にふさわしい。

同時進行のナマ映像、〝多発的〟な見せ場。テレビの機能を存分に活かし、いや、テレビの技術力、制作力なくして、このイベントの完全ドキュメントは伝えきれない。

テレビ中継実現の前に、長い〝ラジオ時代〟があり、今も「ラジオ・スポーツ」健在を示す数少ない大会である。

といっても「箱根駅伝」が始まった1920年(大正9年)には、まだ日本では本格的なラジオ放送は行われていなかった。

「箱根駅伝」に遅れること5年。NHKの前身・東京放送局(社団法人)によって第一声が放たれたのは1925年3月22日である。

スポーツの初中継までにさらに2年がかかり、1927年8月、大阪放送局による「第11回全国中学校野球選手権大会」(現在の全校高校野球選手権、「夏の甲子園」)でその歴史が開く。

陸上競技の初放送は1928年10月の「日本・フランス対抗」（東京・神宮外苑競技場、後の国立競技場）だ。「箱根駅伝」は無線技術の制約もあって戦前は試みられず、1953年1月（往路4日、復路5日）の第29回大会からNHK第2放送で始まる（第1放送は1966年から）。この年の2月1日にNHKが、8月28日に日本テレビがテレビ放送を開始しているのは興味深い。

テレビ時代の幕開け1ヶ月前に、NHKは計画を温め続けてきた「箱根駅伝のラジオ中継」にこぎつけ、初の民放テレビ局・日本テレビは34年後、難題に挑んで「テレビ中継」を成功させる。

こじつけに過ぎるかもしれないが、「1953年」は「箱根駅伝」にとって放送との宿縁を結び付ける年になった。

NHK（ラジオ）は、スポーツ担当部門より技術部門が、以前からこの大会（レース）に注目していたといわれる。

戦前から数多くのスポーツ中継が行われていたが、放送技術面では競技場、体育館などの固定した放送席での発信が主で、電波の特性を発揮する移動しながらの放送はほとんどなく〝不満〟が残った。陸上競技のロードレース（マラソン、駅伝）、ボート、自転車（ロード種目）に関心が寄せられたのは当然だった。刻々情景の変わる実況はアナウンスの領域を広げ「ラジオ・スポーツ」の新境地を開ける。

なぜ、テレビ元年に「箱根駅伝」という大がかりなラジオ番組をスタートさせたか、明確に説く資料にかける。

ボートレースは1950年5月隅田川での「早慶対抗」で放送艇からの実況を行っていたし、1952年3月の「第15回東京マラソン」（神宮外苑競技場―調布多摩町折り返し）ではオープンカーに超短波無線送信機（FMと通称される電波）を積み、3ヶ所の固定点（有線）と掛け合いながらの放送で成果をあげていた。

「FM」の駆使に自信を抱き「箱根」となったのだろうか。総てに挑戦の意欲をかり立てる舞台でもあった。

放送時間は4日が13時、5日が13時15分からいずれも15時まで。中継放送車1台。スタート・ゴールのほか2ヶ所の固定点、タイム（正式計時）を伝えるための連絡用サイドカー1台という布陣。解説者として慶大OB、日本陸連コーチの菅沼俊哉氏（のち共同通信社運動部長、故人）が放送車に乗った。

番組は録音をつなぎ、両日とも1位校のゴールが近くなった地点からナマを交えての構成。

反響は上々で、翌年、復路最終区でトップを走るランナーが意識を失いかけ、よろめきながらゴールへ向かう壮絶なシーンが生々しく伝えられ「ラジオの箱根駅伝」は一気に、その名と関心を高める。

回数を重ねる毎にナマ中継の時間帯は広がるが、その日のヤマ場となる順位争いが次々と起きる録音部分も〝聞かせどころ〟だった。

私の居たＮＨＫの現場スタッフはラジオ、テレビ両メディアの制作を手がけるように育てられる。

スポーツ放送を通じた様々な経験のなかで、本体の進行を録音（テレビでは録画）しながら収録の順に限られた時間で再生していくいわゆる〝追いかけ〟は厄介だった。

60年代前半まで通常の番組の収録はテープ（一般的には６㎜）だが「箱根駅伝」は再生の手順を円滑にするため旧タイプの円盤型録音機が主体で、現場（コース上の中継放送車）からのアナウンスを円盤（レコード）に録音針で刻みこんでいった。

異なる地点からアナウンサーは、それぞれ時間に構わず情報を送ってくるため円盤の枚数はみるみるうちに増える。黄色の鉛筆でマークやナンバーを付け、わずかな時間内で上位、下位争いの迫力が立体感が高まるよう再生の順番を決める。

円盤型録音機は１９３６年のベルリンオリンピックでドイツ放送界が競技中継でフル活用し「ラジオ・オリンピック」を成功させたとされる。ちなみにテレビカメラが史上初めてオリンピック競技会場に据えられたのもベルリン大会である。

つきまとう「全国性」の物足りなさ

中継・録音スタッフ、アナウンサーの苦心が重ねられながら、「箱根駅伝」のラジオ放送は必ずしも全国を沸かせる放送素材ではなかった。

それに気づかされたのは、私が名古屋放送局に勤務していた60年代後半だ。テレビスポーツが盛んになったと割り引いても、あまり話題にならないのである。

陸上競技関係者は「あのレースは関東の大学に限られているし…」と素っ気ない。関西では「箱根まで来て、そのあと〝西〟に背を向けて東京へ引き返す。全国イベントとは呼べない」とまでの声が聞こえたという。

東海地域の高校駅伝は当時、中京大中京（愛知）や磐田農（静岡）など国内トップクラスを軸に活気があったが、指導者の１人が「箱根の放送はランナーの出身高校をもっと紹介してくれるといいのだが…」ともらした一言が気になった。

大学スポーツは、在校生や卒業生、キャンパス周辺の地域に支えられていると思ったが、それ以上に高校界のつながりが強く太いのだ。

言われてみると東京六大学野球や関東大学ラグビーの放送は選手の高校時代がよく紹介され「全国」を引きつけている。

日本テレビが「箱根駅伝」の企画を進める段階でも「全国性」は大きなテーマになったようだ。関東限定では番組スポンサーのメリットに影響する事情もあったろう。

放送の実現までに社内外で数々の困難に突き当たりながら乗り越えた日本テレビプロデューサー・坂田信久氏らは選手名のテロップに出身高校名を記し、アナウンスも高校駅伝やインターハイでの活躍に触れることでこの問題をクリアした。流石の着目である。

坂田氏が「箱根駅伝」にかり立てられたのは高校駅伝のランナーたちの多くが「大学へ進んで『箱根』を走りたい」と燃えているのを耳にしたからだ、と後年聞いた。「箱根」が「全国」の炎を1つに集めている自信は、すでに胸中に芽生えていたのだ。

ラジオに話を戻そう。放送が始まって3年目第31回（1958年）からレースは往路1月2日、復路3日と変わり、〝新春〟という晴れやかなイメージが強まる。

「箱根駅伝」ほど運営面のエピソードの多いイベントも珍しいが、特に開催日については、その時の社会事情ものぞけ面白い。

第1回は往路2月14日、復路15日という日程で、選手たちは午前中に授業をうけて参加するためスタートは13時。往路のゴールは夜になり、地元の人たちが松明をかざして選手が道に迷わないように迎えたという。

すぐに冬休み中の1月に移され、つづいて交通事情を考慮した結果、2、3日に定着する。それまでは三箇日を避けていたが、かえって混雑したことで変わった。

1953年時点で「選手は自動車の流れをよけて、泳ぐように走りながら…」と新聞で報じられているが、その状況へ中継放送車を〝参入〟させる交渉は難しかったようだ。

それでも、やがて中継放送車は3台になり、第41回（1965年）には4台を数える。めまぐるしい順位争いを多角的な描写で伝えたいとする要望がなんとか受け容れられるまで番組は評価を得ていたのだ。

車数の増加は技術スタッフの苦労を増やす。日ごろは箱根山中で無人の無線基地（大楠山、のちに駒ヶ岳頂上）が

SAPPORO
東洋大
ラジオ放送車

最重要の拠点となり、担当者は荒天などで到着できぬ事態に備えて十分な食料を携え、周到な防寒装備で年末から泊まりこむ。一部の送・受信機材の冷低温試験を兼ねる機会でもあったが、厳しい。

東京オリンピックによってスポーツ、スポーツ放送への関心は高まっていたが「箱根駅伝」は激しくなる一方の交通量整理に限界が見え、レースの存続を危ぶむ動きさえのぞきはじめる。

関係車輌の削減を求める当局との話し合いを受けて、第49回（1973年）はついに放送休止を余儀なくされる。

復活の見通しは薄く「箱根駅伝」の中継はピリオドを打つかに思えたが、休止に落たんしたリスナー（聴取者）の反響はNHKに留まらず、主催者、関係者にも寄せられ、翌年（第50回）は中継放送車を2台に抑え、新たに東京大手町の読売新聞社内に設けられた記録センターにアナウンサーを配すなどの新体制で〝再開〟された。

記憶は定かではないが、あくまで記念大会としての許可で、そのあとの放送継続は保証されていなかったように思う。

だが、この回限りの風評に、再びリスナーたちが声をあげ、休止は二度と起らず今日に至っている。「全国性」に疑問を抱かれ、その課題が解消されたとも思えなかったが想像以上にラジオファンが囲んでくれたのである。

副産物もあった。記録センターの活用は、それまで中継放送車別にタイムを計算する手間が省け、しかも情報は詳細で面白さを増した。沿道にストップウオッチを持つ観衆が増えたのは。この頃ではなかったろうか。

歴史飾るアナウンサーの名調子

スポーツ中継はラジオ、テレビを問わず放送技術の進化によって魅力をふくらませて来た。

「箱根駅伝」のラジオはステーションワゴンの屋上に関係当局の許可を得て、防寒衣装で固めた解説者、アナウンサー、ディレクター各1人が座れる囲いを設けシートベルトを付け、技術スタッフは車内に機材を仕込み、車全体を動く超簡易スタジオに創りあげて行われる。

この〝姿〟は放送開始当初からほぼ変わらないが、マイクロホンの性能や各機材は改良、開発が重ねられた。

指向性を高めた集音マイクは、ペースを乱しかけるランナーを励まそうと伴走車からコーチが唄う校歌を鮮やかにとらえ効果をあげた。箱根山上の無線基地の送・受信は、場所によってはピン・ポイントの操作になる。

中継放送車とランナーの距離（間隔）を保つのも制作力の1つだ。

ピッチを速め勝負を仕掛けるランナーの〝心情〟を読み取るのは難しそうだが、案外、見抜けるものでもある。

屋上のディレクターからの連絡とバックミラーを頼りの運転は、例えば車を止めて後続のチェックでランナーを先行させる場面（箱根に入ってのこの狙いは往復ともに不可能だが）は、道幅や観衆の邪魔にならない場所をいかに選ぶか、コースを熟知したドライバーの腕がモノをいう。NHKには偉人とも呼べる人が揃い、それが放送の質をいちだんと濃いものへつなげた。

中継放送車（アナウンサー）間のやりとりは、ラジオ・スポーツの妙味だが、呼び掛けを聞き落とすと流れが止まり、レースのテンポまで鈍くさせてしまったような気になる。窮屈な車内の技術者の神経は休まらない。

こうした厚いバックアップのもとに「箱根駅伝」を盛り上げたのは歴代のアナウンサー陣である。

ラジオスポーツの歴史は、戦前からアナウンサーの美声と〝名調子〟で飾られた。

「神宮球場。どんよりとし黒雲が低くたれた空。カラスが一羽、二羽、三羽。風雲いよいよ急を告げております」などという表現は昔ばなしとして伝え聞いただけで、勝負の雲行きの怪しさと球場の雰囲気が目に浮かぶ。

スポーツアナウンサーの感性はその場での広い視野と記憶された風景で磨かれる。

日本のオリンピックにおける最初のラジオ中継は1932年ロサンゼルスでの第12回夏季大会だが、競技場からの放送ができず、アナウンサーは競技を見終えてスタジオへ戻りそこで実況さながらのアナウンスを行った。

このため10秒3が優勝タイムの陸上競技男子100m決勝では吉岡隆徳選手（日本）が6位（10秒8）に入る快挙もあり〝1分近く〟かかってしまった。アナウンサーには10秒間では収まり切れぬ〝材料〟がインプットされていたのだ。

ラジオには、そんな〝遊び〟もある。野球の三塁打で打者はとうに三塁へかけこんでいるのに、アナウンサーはボールが外野手の間を抜けていくとトーンを高めながら、その間に打たれた投手の「しまった」という表情、歓声をあげる観客席、次々と手を叩きながらホームインする走者の姿をスピード豊かに〝実況〟した場面に担当ディレクターとして立ち会ったことがある。

アナウンサーは私に目をつぶって見せた。放送は一気に熱をおびたものだ。

「箱根駅伝」も60年以上のラジオ史を積みファンやリスナーには多くの名アナウンスが耳に残っていよう。

私が録音を受け持った時、第2中継放送車の鈴木文弥アナウンサー（故人）から絶妙の一句が送られてきた。

「雲の切れ間から一瞬陽（ひ）がさしてきました。首位を追う一団の選手たちは、自らの影を踏んで、栄光のゴールを目指します」。

「自らの影を踏んで…」とは凄い。聞き惚れた。この一節はどうしても再生（オンエア）したいと先輩ディレクターのOKをもらった。

いまでも「箱根駅伝」をラジオで楽しむ人が多いと聞くのは、その瞬間にかけるアナウンスの巧みさがイベントそのもののムードを創りあげているからではないか。

携帯端末でテレビ画面も手のなかではずむ現代だが、この原稿を書くにあたってNHKラジオが〝独走〟していた34年間のアナウンサーのリストをまとめた（次ページ表）。オールドタイマーには各回のレースの思い出につながるだろうか。ラジオ中継はいま文化放送、RF、NHKと3局によって行われている。

テレビが放っておかない時代へ

「箱根駅伝」をテレビが放っておくハズがない。

刻々と変わる展開、上位下位の区別なく総てのシーンがラジオの〝機敏性〟向きで、いつまでも「ラジオ・スポーツ」でありつづけて欲しい、と願う反面、出場校の熱気や沿道の声援に接するたびにその思いへ傾く。

第55回（1979年）を前に、テレビ東京が2日間のダイジェストを織りこみながら復路最終区を中継すると知って「ついに」と思ったテレビ関係者は多い。

ただ、テレビ東京とは意外であった。同局の敏腕プロデューサー、白石剛達氏（故人）に後日、聞いた話は、さらに思いもかけぬ〝内容〟だった。

中継の話を持ちこんだのは、大会を後援しつづける読売新聞社の関係者だというのだ。

スポーツが日本で発展したのは、この文化が伝来した時から啓蒙につとめた新聞社の力が大きい。

テレビ時代を迎えて、新聞社は育ててきたスポーツイベントの放送を〝系列〟のテレビ局に委ねるケースが多くなる。

NHK ラジオ“独走時代”の歴代解説者、アナウンサーリスト

回数・年		解説者		アナウンサー					
		第1放送車	第2放送車	第1放送車	第2放送車	第3放送車	第4放送車	スタート／ゴール	記録センター
29	1953	菅沼俊哉		志村正順	(リポート)河原武雄・北出清五郎				
30	1954	菅沼俊哉		天野修次郎	(リポート)北出清五郎・福島幸雄				
31	1955	菅沼俊哉		河原武雄	野瀬四郎	(リポート)北出清五郎・中神定衛			
32	1956	菅沼俊哉		野瀬四郎	福島幸雄	(ヘリ)北出清五郎 (リポート)中神定衛・河名光衛			
33	1957	菅沼俊哉		北出清五郎	福島幸雄	(リポート)中神定衛・河名光衛			
34	1958	菅沼俊哉		北出清五郎	斉藤政男	野瀬四郎		長浜昭磨	
35	1959	菅沼俊哉		野瀬四郎	北出清五郎	鈴木文弥		飯田白馬	
36	1960	菅沼俊哉		北出清五郎	鈴木文弥	川原恵輔		鵜飼健支	
37	1961	菅沼俊哉		北出清五郎	鈴木文弥	鵜飼健支		土門正夫	
38	1962	菅沼俊哉		北出清五郎	鈴木文弥	鵜飼健支		水越洋	
39	1963	菅沼俊哉		北出清五郎	鈴木文弥	鵜飼健支		水越洋	
40	1964	菅沼俊哉		北出清五郎	石田武	水越洋		久保田順三	
41	1965	菅沼俊哉		北出清五郎	水越洋	久保田順三	永田(鵜飼)健支	羽佐間正雄	
42	1966	西内文夫		北出清五郎	羽佐間正雄	久保田順三	生越常重	永田健支	
43	1967	西内文夫		北出清五郎	羽佐間正雄	久保田順三	永田健支	田辺礼一	
44	1968	西内文夫		北出清五郎	土門正夫	永田健支	川原恵輔	渡辺亨	
45	1969	西内文夫		北出清五郎	永田健支	土門正夫	生越常重	田辺礼一	
46	1970	大谷吉五郎		北出清五郎	永田健支	田辺礼一	川原恵輔	向坂松彦	
47	1971	大谷吉五郎	(ゲ) 横溝三郎	北出清五郎	永田健支	川原恵輔		石橋省三	
48	1972	布上正之	(ゲ) 横溝三郎	北出清五郎	永田健支	西田善夫		石橋省三	
49	1973	—放送行われず—							
50	1974	布上正之	(ゲ) 菅沼俊哉	北出清五郎	羽佐間正雄			佐藤隆輔	西田善夫
51	1975	布上正之		北出清五郎	西田善夫			石橋省三	小高正嗣
52	1976	宇佐美彰朗		北出清五郎	石橋省三			羽佐間正雄	西田善夫
53	1977	永井純		北出清五郎	羽佐間正雄			小高正嗣	石橋省三
54	1978	猿渡武嗣	石井隆士	北出清五郎	羽佐間正雄			向坂松彦	阿部宏
55	1979	猿渡武嗣	大久保初男・石井隆士	北出清五郎	羽佐間正雄			向坂松彦	阿部宏
56	1980	猿渡武嗣	大久保初男	北出清五郎	西田善夫			島村俊治	阿部宏
57	1981	碓井哲雄	----------	島村俊治	田辺礼一			向坂松彦	阿部宏
58	1982	横溝三郎	(ゲ) 上田誠仁	島村俊治	水野節彦	石橋省三		向坂松彦	石井賢
59	1983	横溝三郎	(ゲ) 上田誠仁	石橋省三	水野節彦	内藤勝人		石井賢	朝妻基祐
60	1984	横溝三郎	(ゲ) 中島修三	石橋省三	内藤勝人	朝妻基祐		古屋明信	向坂松彦
61	1985	横溝三郎	米重修一	石橋省三	山田康夫	朝妻基祐		古屋明信	向坂松彦
62	1986	横溝三郎	上田誠仁	西田善夫	朝妻基祐	福澤浩行		佐塚元章	山田康夫

・(ゲ) はゲスト、(リポート) はスタート／ゴール担当を兼ねる
・(ヘリ) はヘリコプターからの実況
・スタート／ゴールはゴールのみ担当の場合もある

～NHK 放送文化研究所・東山一郎氏の協力により筆者作成～

流れからすれば「箱根駅伝」は間違いなく日本テレビであった。

それが、白石氏に「日本テレビは乗り気がないので…」と頼んだそうだ。

この話は「箱根駅伝」を語る時、業界内に限らず興味を持たれるようでドキュメンタリー書の『箱根駅伝』(原島由美子著、2007年12月、(株)ヴィレッジブックス刊)や『東京12チャンネル運動部の情熱』(布施鋼治著、2012年7月、集英社刊)などでも紹介され、驚きの話題となる。

テレビ東京の構成はオーソドックスであったが、テレビ待望の関係者やファンを喜ばせた。視聴率も年々、数字を上げる。

同時に、NHKのテレビは?とたずねられるようになる。60年代後半から企画は出たり引いたりを繰り返し、積極的な態勢が組まれることなく過ぎた。年末年始恒例の中継番組が立てこみ、年末からかなりの人員、機材を〝集結〟させるのは不可能に近かった。編成上「全国性」が問われ足踏みさせたのも否めない。制作への志向は周期的にスタッフの気持ちを揺さぶり、コースを巡ってカメラの配置、送・受信基地などを探り歩いたディレクターも少なくないが、現実的な局内の課題は越えられなかった。

思わぬ形で唯一回、NHKテレビが「箱根駅伝」を中継した時がある。

1980年、モスクワ・オリンピックの年。新春の定例全国多元リレー番組「日本の新春」でマラソンの金メダル有力候補、早大4年生の瀬古利彦選手をこの年の希望の人として「箱根駅伝」で力走する姿をナマで伝えられないかとの企画が持ち上ったのだ。

放送は1月2日10時から60分。瀬古選手が往路の2区に起用されなければ〝成立〟しないが、1年生からすでに3年連続その区間(鶴見—戸塚、24・4㎞)を任され、この年も確実とみられていた。

期待どおりの起用が発表され、主催者の許可もおりた。次の難題は1区(東京大手町—鶴見、21・3㎞)が混戦となり、集団のなかに瀬古選手が加わっている場合、中継車が彼に近づきクローズアップしつづけられるかだ。

台本で仕込める話ではない。周囲のランナーの邪魔となる制作は絶対に許されない。その時、を待つ以外に手のないアドリブの勝負。

1区で早大(石川海次選手)はトップに立ち2位に10秒以上の差をつけて瀬古選手に襷《たすき》が渡る。独走だ。中継車で

アシックス
2
学

〝歴史的〟放送を担当する村田幸子アナウンサーがほっとした表情を浮かべる。混戦の画面に備えて2区全選手の資料を用意していたのだ。

この日は秋田県鹿角市、高知県土佐山村など13ヶ所からの中継が予定され、「瀬古選手のパート」は戸塚（神奈川）の中継所手前から。引き継ぎのあと可能ならばインタビュー（松平定知アナウンサー）とされていた。

10時14分ごろ、「瀬古選手」に映像が切り替わる。2位以下のチームは視界に入らない。〝今年の顔〟はたっぷりと画面を独り占めにする。4分以上の差をつけて瀬古選手は走り終えると、予想外の動きを見せた。

伴走のジープに飛び乗り3区のランナーを追うように、あっという間に去っていったのだ。インタビューはなく、NHKテレビによる最初で最後（?）の「箱根駅伝」は4分ほどで終った。

2日後、アメリカのジミー・カーター大統領はテレビを通じてソ連（当時）がアフガニスタンに軍事介入した事件に強く抗議、「介入がつづくならアメリカはモスクワオリンピックをボイコットする」と示唆した。情勢は好転せず、アメリカ、西ドイツ（当時）などにつづいて日本オリンピック委員会（JOC）も不参加を決め、瀬古選手の雄姿をモスクワで見ることはなかった。「箱根駅伝」がマラソンのゴールド・メダリストを生む夢が遠のいた年ともなった。

「箱根駅伝」の総てが面白い

日本テレビによる初放送は1987年1月2日、第63回大会である。

前年の大会頃から各テレビ局のスポーツ担当者は、その動きをつかんでいた。

前述のように後援新聞社とのつながりで日本テレビが「箱根駅伝」へ乗り出すことに不思議はなかった（テレビ東京へ〝依頼〟の事情はいまだに分からぬが…）。

それよりも、出来あがる作品、とりわけ〝箱根〟をどう扱うのか、各局が注ぐ興味の視線は共通していた。

技術力、機材力だけでは乗り越えられぬ〝箱根〟は難しい。気まぐれな山の天気で、いつ風が強まり、雪が積もって中継の生命線となるヘリコプターや中継車の運行が不可能になるかもしれない。

除雪車を手配、待機させるだけでも、日ごろのスポーツ制作と異なる。そこを日本テレビはいかに捌くか。

すでに、その時から28年が経った。大過なく「箱根駅伝」は伝えられ、いまや「テレビスポーツの華」である。

要因はいくつもあるだろうが、私は全スタッフが「箱根駅伝」の面白さの虜（とりこ）になっているからだと思う。ランナーも、チームも、コースも、沿道の観衆も、時には気象までも総て気に入っているのだ。

日本テレビはその酔いを、周到な装備をフル回転させて描き出す。

主役は、もちろんランナーたちだ。学生スポーツらしいひたむきさが、終始、視聴者を熱くさせる。これほど長時間〝純な姿〟を送り続けるテレビ番組も稀である。

生みの親ともいうべき坂田氏は制作第一線を退いて久しいが、最近のスタッフ総数は「950人ぐらい」、中継規模は「ヘリコプター3機、移動中継車2台、移動バイク4台を軸に中継カメラ地点は32、カメラの総数は80台を超すだろう」と話す。

ラジオ、テレビとその時代の花形メディアによって支持を得たスポーツは多いが、「箱根駅伝」は放送技術の〝挑戦の舞台〟として歩みもしたのである。

浮かれてもいられない。レース（大会）そのものに課題がのぞいているのも事実だ。現代のスポーツはテレビに

よってイベント自体の媒体力が高まる。「箱根駅伝」も一つのメディアになった。

2日間に露出される大学名の効果は大きく、ある出場校のスポーツ専修コースが、優勝（総合）の広報効果は約59億円と〝発表〟したことがある（2007年）。

在学生数を確保する手段に「スポーツ」が利用される傾向は、以前より明らかに増えている印象がある。

学生アスリートが知らぬ間に〝動く広告塔〟の役割を担わされてしまったら、大学スポーツは社会の支援を受けられなくなる。

キャンパスライフのなかでも、学生アスリートと一般の在校生との間には距離がある。

大学生の大学スポーツ観戦（応援）離れは70年代に始まっている。

ラグビーなど例外を除けば、高校界の逸材を参集させレベルが高いハズの大学スポーツの会場は、閑散としたままだ。各種エンターテイメントがあふれる中で、机を並べる友人を誘うだけの魅力を乏しくさせてしまったのだ。

女子を含み大学対抗の駅伝が、テレビ、活字両メディアの関心を引きつけているのは異例である。公道が〝競技場〟として許される利点が媒体価値をより膨らませるが、それに溺れてはなるまい。

「箱根駅伝」の〝隆盛〟は、このイベントで走るのを最上無二の目標とするランナーを〝量産〟するが、世界に伍すロードレーサーや長距離競技者を育成、輩出には結びつかないのではとの指摘も強まってきた。

2015年のテレビ解説をつとめた瀬古利彦氏は「このなかからマラソンを目指してくれる人が育つといいのですが」と口にした。

大会創設のきっかけは明らかに「日本のマラソン、長距離競技者を強くするために」であった。全面肯定しないままでも、振り返るべき主旨ではある。

現代のスポーツ界で国際レベルをターゲットとしたトップ層はフルタイムで打ち込む環境が必須だ。

「東京オリンピック・パラリンピック」を控えて、日本のスポーツは、いっそうこのカラーを濃くし、大学スポーツはその波間に漂うことになる。

「箱根駅伝」は日本特有の大学スポーツの古さと新しさを抱えながら、この先、どう進んでいくのか。これぱかりは放送技術も見通せない——。

特集　箱根駅伝の正体を探る

箱根駅伝とメディア

海老塚　修
慶應義塾大学大学院健康マネジメント研究科教授

我が国におけるマスメディア産業の特徴の一つに様々な事業の主催者となって、それをメディアコンテンツとして展開してきたという経緯がある。メディアンコンテンツとは、新聞で言えば記事そのものであり、テレビで言えば番組内容になる。事業は、経済問題に関するシンポジウムから美術品の展覧会、はたまた各種の舞台芸術など多岐にわたっている。中でも広く一般に認知される催事がスポーツ大会である。

メディアが主催するスポーツの代表はマラソンなどの長距離走と野球である。野球はサッカー人気が目立つ中でも相変わらず日本人が最も関心を寄せるスポーツであり、ランニングは「するスポーツ」としてウォーキングを除けば第一位だ。高校野球、マラソン・駅伝などの大会に新聞やテレビが熱心なのは、大衆を相手とするマスメディアの経営方針としては当然の帰結と言えるだろう。

本稿ではマラソンと日本独自の陸上競技種目である駅伝に注目し、メディアとの関係性を論じてみようと思う。

古代オリンピックで最初に行われた競技は、1スタディオン（約191m）のコースを走る「競走」だったと言われている。「走る」という行為はヒトの身体活動の原点であり、あらゆるスポーツの基礎である。誰もが小学校の運動会では50m走などの徒競走に出場し、クラス対抗リレーなどで全力で走った経験がある。

日本人は以前よりマラソン、そして駅伝が好きであった。中でも近年特に人気を集めているのが東京箱根間往復大学駅伝競走「箱根駅伝」だ。人気のバロメーターの一つであるテレビ視聴率のランキングを見てみると、それは明らかだ。2000年以降の高視聴率大会を表にまとめた。1位は高橋尚子が金メダルを獲得したシドニーオリンピックの女子マラソンである。

2003年の世界陸上

	イベント	放送日	放送局	視聴率（%）
1	シドニーオリンピック女子マラソン	2000年9月4日	テレビ朝日	40.6
2	ベルリンマラソン（高橋尚子出場）	2001年9月30日	フジテレビ	36.4
3	第79回箱根駅伝復路	2003年1月3日	日本テレビ	31.5
4	世界陸上パリ大会女子マラソン	2003年8月31日	TBS	30.1
5	第81回箱根駅伝復路	2005年1月3日	日本テレビ	29.9
6	第87回箱根駅伝復路	2011年1月3日	日本テレビ	29.5
7	第79回箱根駅伝往路	2003年1月2日	日本テレビ	29.3

ビデオリサーチ

パリ大会では野口みずきが2位に入り、3位の千葉真子とともに注目を集めた大会であった。しかしそれ以外では箱根駅伝が他のマラソン大会などを凌駕しているのである。

過去、マラソンでは1984年のロサンゼルスオリンピックの男子マラソンを筆頭（48・8％）に過去5回（5イベント）40％以上のテレビ視聴率を記録してきた。ソウル、アトランタオリンピックの男子マラソンと1987年の福岡国際マラソン、そして今世紀に入ってはシドニーの女子マラソンであるが、近年はめっきり高視聴率が期待できなくなった。国内には世界的なランナーが見当たらず、レースの結果に期待が持てなくなったことが一番の要因だろう。このように考えると、マラソンの観戦型スポーツイベントとしての特徴は国際的な競技性にあるらしいことが見えてくる。1960年代には円谷、君原が活躍し、80年代には瀬古、宗兄弟、中山といったスターが生まれた。彼らは世界のトップクラスに君臨し、オリンピックを含む国の内外で行われたマラソン大会で常に優勝できる可能性をその走りに秘めていたのである。

「マラソン」という表現はランニングと混同されて使用されるが、本来は古代ギリシャの「マラトンの戦い」でペルシャ軍を撃破したアテネの勝利を知らせる伝令が走った故事にならって近代オリンピック種目に採用されたロードレースを意味し、42・195㎞と定められている。これ以外の距離のレースは正しくはマラソンではない。

マラソンは1896年の第1回アテネ大会からのオリンピック種目だが、距離は必ずしも厳密ではなく、約40㎞として実施された。マラトン─アテネを結ぶ道の距離は40・8㎞あったらしいのである。第1回大会において如何なる競技・種目を実施するかは真剣な議論を呼んだ。古代言語学者で、クーベルタンとも親しかったミッシェル・ブリール（Michel Bréal, 1832-1915）は古代オリンピックとギリシャの栄光をシンボライズする競技として故事に由来する「長距離競走」を提案し、クーベルタンはこのアイディアを大いに気に入ったと言われている。また開催国のギリシャの関係者も大賛成し「マラソン」が実現したのである。その後、1908年のロンドンオリンピックにおいて英国王室の希望で距離が延長され、42・195㎞となり、これが定着した。

他方、駅伝は日本固有のロードレースであり、江戸時代の交通・通信手段であった伝馬制が命名のルーツとされる。街道には一定距離ごとに「駅」といわれる中継所が用意され、宿泊施設や飛脚などの人馬が利用出来たことに由来する。実業団対抗や高校・大学対抗など数多くのレースが開催されているがマラソンとは異なり距離の規定は存在しない。

大阪毎日新聞とマラソン

記録に残る日本初のマラソンランナーは金栗四三である。高等師範学校の学生だった金栗は、日本が初参加となる1912年のストックホルムオリンピックに出場したが、体調不良や過酷な天候に災いされ途中棄権となった。次のベルリン大会は第1次大戦の勃発で中止に追い込まれたため、金栗の再挑戦は8年後の1920年アントワープオリンピックとなった。結果は2時間48分45秒で残念ながら16位にとどまり、共に出場した茂木善作は49人中20位、同じく八島健三21位、そして三浦弥平は24位だった。

競技大会では、1901年11月9日に実施された「上野不忍池12時間競走」が古い。慶應義塾の創立者、福沢諭吉が興した新聞として知られる時事新報社が主催したイベントであった。不忍池は今も人気のジョギングコースで、ランニング愛好者は一周約1・5㎞を何周か走る。当時の記録は、茨城県の車夫であった安藤初太郎が71周余り（約105㎞）で優勝を飾った。競技は朝4時にスタートし午後4時までの12時間にどれだけ走れるかを競うものであった。主催者側の期待としては76周で70マイル（112㎞）の走破だったが、この目標は達成されなかった。応募者は100名を越え、体力や経験を考慮して選ばれた15名が日本初のウルトラマラソンに挑んだのである。

この競技大会に注目していた大阪毎日新聞は、ほぼ1か月後の12月15日に南海電鉄沿線に造営した1周約800mのトラックにおいて8時間で50マイル（80㎞）を目標とする「健脚大会」を開催した。告知記事では東京への対抗心が顕わである。結果、村瀬百蔵ら5人が時間内に完走し、翌日の紙面では「…日本男子の体力を試験し幾許の里程を歩行し得るやを判明するにあり其の成績は全國は固より欧州各国に発表さるる事にして実に愉快至極の催しなり。」と報じた。当時の人々の意識が欧米に対する日本人の身体能力の差異とその克服にあったことが伺えるのである。

1908年、大阪毎日は「マラソン競走」と題してロンドンオリンピックのマラソン特集を5回掲載した。マスメディアとして、マラソンというスポーツを一般市民に広く伝えようとする意図があっただけでなく、欧米と比肩する際に短距離よりも長距離走の分野において日本人がより活躍できる可能性が高いことを示唆している。大阪毎日は、マラソンをはじめ、クロスカントリー、オリンピックといった西洋のスポーツ用語をいち早く紹介したメディアとしても知られる。その大阪毎日が翌1909年に企画実施した「阪神マラソン」が我が国初のマラソンという名称のランニングイベントになった。場所は神戸湊川埋立地と新淀川西成大橋の間20マイル（32㎞）で3月21日に開催された。賞金レースである。出場したのは408名の応募者から選ばれた20名。紙面では1か月前の2月21日から4回に分けて海外のマラソンの様子を写真入りで紹介し、読者の関心を煽った。結果当日の沿道には「十重二十重の人垣」が出来たそうである。

優勝は岡山県在郷軍人の金子長之助だった。序盤、長之助は7番手と出遅れてしまった。現在の東灘区辺りで奮起するが、きっかけは「なんだ、みっともない」という沿道の同郷の友人からの怒声だったという。さらに、神戸出身のライバル選手に送られる大声援の中、御影付近でわらじの緒が切れるアクシデントにもめげず、これを脱ぎ捨てて走り続け、芦屋で2位、西宮で先頭に出、尼崎までに一気に離して走り続けた。タイムは2時間10分54秒、2着を5

分近くも引き離しての逆転優勝であったという。優勝者には、３００円の賞金のほか、金時計や銀屏風などの豪華な賞品が贈られたそうだ。2位は２００円、3位には１００円が贈られた。当時の銀行員の初任給（大卒）が35円、牛肉１００g10銭と言うから、相当な賞金である。

神戸市役所前には「マラソン発祥の地　神戸」の記念碑が建っているが、これは第1回神戸マラソンの開催を記念して２０１１年、神戸須磨ライオンズクラブが市に寄贈した。

読売新聞が仕掛けた駅伝競走

19世紀末から20世紀にかけてはパリを筆頭に博覧会が頻繁に開催された。初期の近代オリンピックは独り立ち出来ず、万国博覧会開催期間中のイベントとして位置づけられていた。１９００年のパリ、１９０４年のセントルイス、そして１９０８年のロンドンオリンピックである。日本でも欧米に模して博覧会がブームになり、１９１７年には首都が京都から東京に遷って50周年という節目を記念して上野不忍池の畔で「東京奠都（てんと）五十年奉祝博覧会」が開催された。その際、読売新聞社の協賛記念事業として

「日本マラソン発祥の地　神戸」の記念碑（神戸市庁舎前）

京都―東京間の「東京奠都記念東海道五十三次駅伝徒歩競走」が企画されたのである。発案者は読売の社会部長で歌人の土岐善麿とされている。２月２日の読売紙面での計画発表時点ではまだ「駅伝」の名称は使用されておらず、「奠都記念マラソン・リレー」「東海道五十三次団体中継徒歩競走」となっていた。「駅伝」の名付け親は、大会副会長を務めた大日本体育協会副会長で神宮皇學館館長の武田千代三郎だそうである。

　駅伝は4月27日、28日、29日の３日間にわたり開催され、スタートは京都三条大橋、フィニッシュは上野不忍池の博覧会会場正面入り口で５０８㎞、23区間をリレーした。東西対抗であったが、西軍には十分な選手が集まらずに東軍が圧勝した。アンカーは金栗四三である。これを記念して２００２年には不忍池の弁財天近くに「駅伝の碑」が建てられた。碑文は「駅伝の歴史ここに始まる」で、全く同じ形の碑が、レースの出発地である京都にも建てられている。

　主催者の読売新聞は当時まだ弱小紙で、東京五大新聞（東京日日・報知・時事・東京朝日・國民）の後塵を拝していた。取材力、営業力も弱く、西日本地域での存在感も何とか高めたいと模索していた。そこで企画された東海道駅伝は多くの見物客を呼び寄せ、催事としては成功したものの経費が予想以上にかかってしまった。土岐は責任を取る形で読売を辞めることになり、翌年ライバル紙の朝日新聞に転職した。

「駅伝の碑」（上野不忍池畔）

京浜間マラソンの開催

読売新聞が初めて駅伝を開催した1917年、同じく奠都50年を記念してマラソンが行われた。報知新聞による「京浜間マラソン競走」である。1876年に遊郭跡地に造営された横浜公園（横浜スタジアムの所在地）をスタートし、上野寛永寺までの25マイル（約40㎞）で行われた。報知は紙面で参加者を募り、313名の応募があった。そこで9月30日に予選会を行ったところ193名がこれに参加し、補欠10名を含む40名が10月21日の本戦への出場権を得た。

報知は予選から本戦まで読者の興味を喚起すべく記事に工夫を凝らした。例えば、「沿道通過予想時刻」として横浜公園から上野までの主要地点を選手が通過するであろう時間を掲載した。またマラソンを観戦するに適した場所を紹介するといったアイディアが功を奏し、日曜日に行われた本戦当日は沿道に多くの人々が押しかけ、大盛況となったのである。優勝したのは千葉県白潟青年団の鵜沢文雄でタイムは2時間30分12秒であった。

報知新聞社は当時既に夕刊も発行し、部数でも他紙を圧倒していた。2位の國民新聞の20万部をはるかに上回る25万部を発行していた。読売の駅伝とは異なり、必ずしも販売拡張を意図したスポーツ事業ではなかったかもしれないが、翌年以降も継続実施された。当時の最大手メディアの主催事業の大成功は長距離走の浸透に大いに貢献したと考えられる。

箱根駅伝と報知新聞

日本マラソンの祖、金栗四三は1912年のストックホルムオリンピックのマラソンで惨敗し、欧米の選手たちとの力の差を身をもって経験した。金栗は長距離ランナーの強化が急務だと考えた。その様な背景から自身がアンカーを務めた東海道駅伝に触発され、東京―箱根間の大学対抗駅伝を思いついたとされる。金栗と彼の賛同者は当時の最大メディアであった報知新聞の協力を仰ぐことが実現への早道だと考えたのだろう。幸い報知の社会部に寺田瑛というスポーツに理解のある記者がいて、彼の好意もあり金栗の要請は受け入れられる。

1920年、報知の主催で第1回大会が開催されたが、参加は4校にとどまった。東京高等師範学校、明治大学、早稲田大学、慶應義塾大学である。よって名称も「四大校対抗駅伝競走」であり箱根という地名は冠されてはいなかった。開催日は2月14日と15日で、スタートは有楽町の報知新聞社、箱根関所跡を折り返しとした。ちなみに、主催団体の関東学生陸上競技連盟が組織されたのは前年の１９１９年４月19日である（学連の規約制定日による）。その後参加校が多少増え、７校から10校程度となったが、その都度「十大学駅伝競走」など参加大学の数を示す名称が継続されたようである。

その後戦争で中止になった時代を経て、１９４７年に「東京箱根間往復復活第一回大学高専駅伝競走」として行われた。ここで初めて「箱根」を大会名称に含めたわけである。第26回「箱根駅伝」が１面トップで報道されたのはその３年後の１９５０年であった。そして１９５３年、ＮＨＫがラジオ中継を開始し、１９７３年にはテレビ東京による部分中継が開始された。

野球の早慶戦が初めて行われたのは１９０３年であった。その後急速に学生野球の人気が高まっていった。大学スポーツがエンタテインメントとしても中心になったのである。一方、マラソンや東海道駅伝などのロードレースはオープン参加が普通で、大学対抗はなかった。京浜マラソンでも参加者は学生、青年団員、商人など様々だったと記録されている。そこに目を付けたのが新しさであり、陸上競技に大学対抗を持ち込んだのが金栗たちのアイディアだったといえるだろう。

新聞各紙も新しいスポーツの開拓を通じて読者の獲得を図ろうと積極的に働きかけていた。殊に大阪で顕著であり、１９１５年に全国中学野球優勝大会（現在の夏の甲子園大会）を朝日新聞が開催し、その３年後には毎日新聞が日本フットボール優勝大会（現在の全国高校サッカー、全国高校ラグビー）を立ち上げるなど、ライバル紙間のコンテンツ争いがスポーツのすそ野を拡大させたのである。

その間、主催者の報知新聞は部数を伸ばし、１９２３年に70万部まで拡大したが、その後は関西系の朝日新聞や毎日新聞に押されて経営が苦しくなった。駅伝が新聞事業の改善に貢献したかは明らかではないが、報知新聞が積極的にコンテンツ展開を図った形跡はない。そして１９４２年に戦時新聞統合で読売新聞に合併されたのである。

報知新聞が読売の傘下でスポーツ新聞に転じたのは１９４９年12月30日とされる。１９４９年は新制大学が発足したタイミングでもあり、１９５０年１月５～６日に行われた箱根駅伝は14大学が参加した。報知新聞は、恐らくは読売の戦略で「箱根」の１面トップ扱いというスポーツ紙としてのデビューを果したと考えられる。

国際化への挑戦

バブル経済の絶頂だった１９８０年代の後半には、日本のスポーツ文化として駅伝を「輸出」し、国際的に認知させようという機運が盛り上がった。壁が崩壊した直後のベルリンやパリ、さらにはニューヨークのマンハッタンで駅伝大会が実施されたが、定着するには至らなかった。海外に駅伝文化を広げようという強い意志がはたしてあったか。放送を行ったテレビ局にとっては海外の著名な都市から「駅伝」を中継することがミッションであって、地元でのスポーツとしての将来性は二の次に過ぎなかったのである。

日本からの働きかけで国際陸連（ＩＡＡＦ）も前向きになり、マラソンと同じ42・１９５㎞を走破するRoad Relay Championshipsを正式種目化した。世界選手権として１９９２年からポルトガル、ギリシャ、デンマークと隔年開催されたが、１９９８年のブラジル・マナウスでのイベントを最後に行われることはなくなった。

海外で本格的な駅伝大会を継続的に開くという夢はついえたかも知れないが、アシックスなど日本企業の努力で市民ランナーに親しまれているイベントも存在する。エキデン・デゥ・パリ（Ekiden de Paris）、パリ駅伝である。２０１５年11月１日に第３回大会が無事実施された。距離は42・１９５㎞。セーヌ川沿いの美しいコースを６人でリ

第３回パリ・エキデンの告知ポスター

レーし、フィニッシュはパリ市庁舎前である。日本人以外には馴染みの薄いタスキは用いず、バトンをつなぐ方式だが老若男女様々なランナーが参加して楽しそうである。パリは春先に開催されるパリマラソンが有名だが、枯葉散る中のランニングイベントとして「エキデン」が定着してくれればこんな嬉しいことはない。

パリマラソンは5万人規模のメガレースだが、フランスのロードレースといえばランニングよりも自転車であろう。ツール・ド・フランス（Le Tour de France）は世界から注目される大レースである。ヨーロッパにはツール・ド・スイス、ジロ・デ・イタリアなど数多くのステージ・レース（複数日をかけて総合ポイントを争う競技）が存在するが、その中でもツール・ド・フランスは単に「ツール」と呼ばれる頂点のイベントである。開催時期は7月で23日間に及ぶ長期戦だ。

ツール・ド・フランスと箱根駅伝

ツール・ド・フランスが始まったのは１９０３年までさかのぼる。現在、開催回数は１００回を超えた。

フランス人は自転車が大好きである。そしてフランスは自転車発祥の国といってもよい。19世紀にチェーンのない初期の「自転車」であるベロシピードが開発され、たちまち世間に広がった。競技会がいくつも生まれ、スポーツ紙が何紙も創刊された。現在ベロタクシーなどと日本語でも使用される「ベロ」は自転車という意味だ。１８８１年にフランス・ベロシピード連合が設立され、自転車競技を統括している。自転車競技場はベロドロームという。

ツール・ド・フランスを創設したのはロト（L'Auto）、スポーツ新聞社である。ライバル紙が主催する自転車レースに対抗して企画したのである。

レースの実施は新聞の成長・拡大につながった。19世紀末、ロト紙の発行部数はたった2万５０００部程度しかなかったが、１９０３年の第1回ツール後には6万５０００部に伸長。さらに5年後には10倍の25万部を超えた。１９２３年、レース開催期間には日に50万部が販売されたという。最高販売部数は１９３３年のレース期間中に記録された85万４０００部である。

ロト紙は、その後第2次大戦のあおりを受けて発行停止に追い込まれる。しかしながら、編集スタッフや施設などは後継のレキップ紙（L'Equipe）に引き継がれ、ツールの主催も同様に移管された。レキップとは英語に置き換え

レキップ紙の１面を飾るツール・ド・フランス

ればチームという意味になる。現在の主催団体はＡＳＯ（Amaury Sport Organisation）で、スポーツ紙のレキップだけでなく、一般紙も所有する大メディア・グループである。レキップが買収されたのは１９６８年のことであった。

このように見てくると日本における長距離競技、特に箱根駅伝と不思議に符合する事柄が多く、たいへん興味深い。改めて比較してみよう。

まずは歴史の長さである。20世紀の初頭に始まり、現在に至って箱根駅伝もツール・ド・フランスもますます盛んである。さらに競技の特徴にも類似点が見られる。そもそもロードレースはエンデュアランス・スポーツで過酷な競技だが、それは両イベントとも同様で、長丁場の闘いが人々を魅了する。ツール・ド・フランスの魅力は山岳ステージだが、箱根駅伝でもファンが最も注目するのは「山登り」の５区であろう。

そして何よりも注目すべきは、ツール・ド・フランスも日本のマラソン・駅伝もメディア企業（新聞発行者）が主催者として営々とイベントを実施してきたという事実である。そしてスポーツとメディアはwin-winの関係を築いてきた。しかしながら、その新聞も、買収などさまざまな変遷を経ていることも共通項である。ちなみに、イタリアで行われているジロ・デ・イタリア（Giro d'Italia）という自転車ロードレースの主催者もガゼッタ・デロ・スポルト（La Gazzetta dello Sport）というスポーツ新聞である。

一方で異なる点もある。箱根駅伝は一貫して学生スポーツ、アマチュアである。もちろん賞金もない。それに対してツール・ド・フランスは２００万ユーロ（約2億６０００万円）の賞金総額をかけたプロのレースであり、グローバルイベントである。箱根には関東学連に所属する我が国の大学の駅伝チームしか出られないが、ツールには多数の外国人サイクリストが挑戦し続けてきた。

本稿で紹介した我が国における20世紀前半のマラソン、駅伝競走で今に残っているイベントは箱根駅伝しかない。箱根のみがメディア・サイド（新聞社）ではなく、ランナーたちスポーツ・サイドからの企画提案だったというのも、恐らく無関係ではないだろう。現在大会を支える読売グループが箱根に力を入れるようになるのは戦後しばらく経ってからである。

創始者の金栗たちが目指したのは世界に通用する長距離走者、マラソンランナー、の育成であった。そこに大学対抗というモチベーションが加わり、切磋琢磨の結果欧米の選手に比肩するランナーが生まれると考えたのである。しかしながら、大会の継続は必ずしも結果には結びつかず、1938年頃には「駅伝有害論」の影響で早稲田、慶應が出場しないという事態にも陥った。

市民マラソンブームの陰で「見るスポーツ」としてのマラソン、駅伝の魅力は薄れてきつつあるようだ。孤軍奮闘の箱根駅伝だが、その高い人気に溺れることなくスポーツとしてのレベルを常に向上させてほしい。内向きに現状を維持するだけでなく、国際化など様々な可能性を模索することが重要ではないだろうか。

【参考文献】
（1）『マラソンと日本人』武田馨（朝日新聞出版）
（2）論文「京浜間マラソン競走の開催事情について」水谷・西川・大川（富山大学）
（3）『国際オリンピック委員会の100年』穂積八洲雄訳（日本オリンピックアカデミー）
（4）『報知70年』（報知新聞社）
（5）論文「明治後期における長距離走の国際化に関する一考察」野口邦子（東洋大学）

特集 箱根駅伝の正体を探る

箱根駅伝を支えるスポーツブランド

桂川保彦　帝京平成大学客員教授

はじめに

些か古めかしい表現だが、正月の風物詩として親しまれている国民的関心事、東京箱根間往復大学駅伝競走、通称「箱根駅伝」（関東学生陸上競技連盟主催）は、世代を超え多くの話題を集める。前年10月に行われる予選会により出場校が確定、関連ニュースが報道され愈々、本番近しとの印象を与え、日を追うごとに関連報道が増加している。

スポーツイベントが数多あるなかで予選会がライブで中継されるスポーツイベントは稀だ。比較すれば近年のプロ野球、レギュラーシーズンにおいては地上波ゴールデンタイム中継がほとんど行われていないこと、プロゴルフツアートーナメントも上がり4ホール中継が定着している。いわんや視聴率が低い大学スポーツが年間を通じて各種メディアに登場することは年々減少傾向にあるのが実情だ。スポーツとテレビは最高のカップリングと言われている割には、視聴率次第で地上波は深夜の時間帯録画放送やBS、CS、有料放送となってしまう。その中で異彩を放つスポーツイベント、箱根駅伝はメディアバリューが高いコンテンツとして関連業界や企業において評価が定まっていることは論を待たない。多額の放送権料、番組スポンサーが提供するCM料、協賛社が提供する物品（VIK）サービス、マーチャンダイジングなど、金額換算すれば驚くべき数字が推計され、毎年、高視聴率が見込まれる優良スポーツコンテンツとして箱根駅伝の存在は際立っている。

関東と名がつくローカルスポーツ団体である関東学生陸上競技連盟が主催する一大会が、長い歴史を積み重ね連綿と続いていることに改めて驚きを禁じ得ない。普段はスポーツに接していない人々を含み、性別・年代・ライフスタイルを超えて高い関心を集め、テレビ・ラジオ、ネット動画中継を心待ちする国民的イベントである。メディアバリューが飛びぬけて高い箱根駅伝は、必然的に宣伝・PR効果を狙う企業が注目し、利用しようと働き掛け、参入機会を狙っている。なかでも特に密接な関係にある企業はスポーツ用品メーカーだ。出場校のプライドを表現するランニングウエアと過酷な条件下で着用されるマラソンシューズをカスタムメイドで製作し、千名を超える役員・ボランティア等へアパレルを提供するなど、イベントと最も関係性が深いステークホルダーだ。スポーツ用品ブランドは箱根駅伝を対象として、どのような企業理念のもとで、企業戦略上に位置付けを行い行動しているのだろうか。

スポーツブランドのマーケティング活動の特徴について

スポーツ用品産業を含むスポーツ産業全体が近代社会の成立と発展に伴い欧米先進国において誕生して以来、時代と共に領域が拡大、この流れは我が国にも波及し1990年代に入ってからスポーツ産業なる用語が定着しつつある。特にテレビがスポーツに着目しスポーツを商品化し、スポーツイベントを作り上げたことが大きく作用している。

広瀬一郎は『「スポーツビジネス論」講義』『スポーツマーケティングを学ぶ』等の著作のなかで、スポーツ産業の成立と発展を克明、且つ分かりやすく解説している。中でも、あとがきにおいてスポーツは極めて「社会的な存在」と規定し、スポーツはまさに社会の要請を受けて完成され、それゆえに20世紀を通して、「社会の世界化」に伴って世界化したのであると締めくくっている。

次に、広瀬一郎が規定した点について、大まかではあるが関連説明を試みたい。

我が国におけるスポーツの成立と変遷

明治維新をスタートにして我が国の近代化に伴い、訓練・教育としての学校体育と企業の労働災害事故防止・福利厚生など生産性向上を目的として導入され発展を遂げたスポーツ活動は、時代の変遷とともに様々な変化を重ねて今日に至っている。具体的には産業の近代化として工業化が始まり、産業労働者の長時間労働からの解放とそれによる余暇時間の増加、更に日本経済全体の成長により毎年、賃金・賞与が増加し可処分所得の増加が続いたことなどが作用していると言えよう。言い換えれば社会システムの変化、パラダイムシフトが進んだことである。従来、欧米先進国の文化であったスポーツ・レジャー活動が我が国に幅広く紹介され、競技としてのスポーツはもとより、レクリエーション・健康の維持増進、仲間との交流などの活動が日常生活において認識され、活動の実践により効果が確認されて、活動はますます多様化している。

スポーツ振興法からスポーツ基本法へ―スポーツをする権利を保証―

スポーツ産業が振興・発展するためには国の政策が前提条件となるが、ここでスポーツ政策の変遷を大まかに辿ってみよう。1964年東京オリンピック夏季大会の開催に際し、法律が未整備だったことから61年に急遽、議員立法によりスポーツ振興法が制定された。以降、振興法に基づくスポーツ振興基本計画が指針となっており、国・都道府県・市町村ごとにスポーツ振興審議会が設置されて有識者・市民代表が委員となり、各自治体の実情に合わせ適切な答申をまとめたうえで具体策が実行されている。これとは別に産業の育成・振興を所管する通商産業省（現、経済産業省）は、戦後の50～60年代、米国向け輸出が主であった雑貨品としてのスポーツ用品製造業の復興と育成を目指し政策の実行を行ってきた。

1964年東京五輪並びに72年、札幌冬季五輪の開催を機に、用品製造業は政策による支援を受けながら力を付け、欧米先進国のレベルと比肩できるよう成長を重ねている。

この間、スキー・ゴルフブームをバネにして、製造業に加え百貨店を含む流通小売業が大型化したこともあり、消費者の選択肢が増し、通産省が提唱するリゾート法も施行され追い風となり「豊かなスポーツライフの実現」が到来した。

しかし、90年代前半にバブル経済崩壊が起き、スキー・ゴルフ産業は大きな打撃を受け、20年後の現在まで苦境が続いている。文部科学省が担うスポーツ政策は、社会の変革に伴い見直しが必要となり、新たにスポーツ基本法として再び議員立法により成立、2011年8月24日に施行された。背景には2016年東京オリンピック夏季大会を招致する際に法整備に一部不備があり改正を迫られたこともあり、64年東京大会から実に50年を経て時代に適合した法改正が実現したことになる。

同法が制定されたことにより、スポーツ関係者の長年の悲願であったスポーツ庁が誕生し、2015年10月1日より業務を開始している。なかでも注目を集めた点は、88年ソウルオリンピック大会競泳100m背泳において水泳として16年ぶりに金メダルを獲得した鈴木大地氏が初代長官に就任したことである。当時、筆者は企業のオリンピックプロジェクトの一員としてオリンピックプールで活動しており、その瞬間を目撃し鳥肌が立ったことを、27年経った今日でも鮮明に記憶している。

こうした歴史のなかで、2019年ラグビーワールドカップ、2020年オリンピック・パラリンピック夏季大会招致が実現し、スポーツ庁が設置されたという事実は、スポーツの振興を通じて全ての国民がより文化的で健康な生活を享受することに、より一層近づく機会を得られたのではないか。

さて、前段が長くなってしまったが、スポーツブランドのマーケティングの特質について解説を行う。

スポーツ用品産業のマーケティングにおけるプル戦略（pull strategy）

スポーツ用品ブランドのマーケティング戦略の特徴は次のように定義できる。競技者に対し自社の製品の着用を目的にして特別に製作した用具・ウエア等を提供し競技で使用された事実を、宣伝・PR・販売促進等により一般消費者へメッセージとして発信することである。更にそれらの事実を通じて一般消費者がブランドを認知し記憶して購買につなげることを目的とする点である。

一般的に、競合する数多の消費財が世間に溢れるなかで、消費者が実際に購買に至るまでにはメーカーは広告・販売促進・パブリシティなどマーケティングミックスと呼ばれる方法を駆使して自社製品を市場で優位に展開したいと競い合う。スポーツ用品ブランドにおいてもそれらは変わらないが、先に特徴と表現したのは、トップアスリートなどのスポーツセレブリティが身につける用品は、スポーツを行う競技者から一般大衆まで、幅広い層に対しブランドの認知度を高め購買に結びつくよう強い影響力があることだ。つまりブランドパワーが高いのが特徴だ。マーケティングにおいてはプル戦略（pull strategy）と呼ばれ、メーカーが直接消費者に対して広告などを行うことで需要を喚起し、消費者に自社製品の購買を促進する戦略と定義されている。メーカーは広告、販売促進、パブリシティなどを行って、製品を認知させ、イメージを向上させて需要を喚起し、消費者に自社製品を買わせるようにする。その結果、小売業者は卸売業者に注文し、卸売業者はメーカーに注文を行う。このように、最終消費者の側から流通業者を通じて製品を引き寄せる（pull）戦略であり、プッシュ戦略と対をなしている（引用：電通広告事典）。

スポーツブランドがブランド創設期より今日までセオリーとしている根拠はここに存在している。スポーツブランドのパイオニア、アディダスは先駆者として創業時から今日に至るまで100年近くセオリーに忠実に、頑なにそして一貫して積極的な活動を続けている。アディダスより50年程遅れて誕生し現在、世界最大の売り上げ利益を誇るナイキは、アディダスを上回る徹底したプル戦略を展開していることで知られている。戦略を専門に実行する部門は別企業となっており、プロスポーツのみならず世界のトップアスリートとエンドースメント契約を結び、ナイキの商品開発への協力、宣伝広報の協力等を義務化している。日本の2大ブランド、アシックス、ミズノもそれぞれ創業者から続く同質のセオリーをさらに発展・進化させブランドパワーを高め業績に結びつける活動に腐心している。

こうしたマーケティング上の特徴を持つスポーツブランドについて、典型的な事例を紹介する。

スポーツブランドにおけるマーケティングの歴史を振り返る

アディダスvsナイキ―二強のグローバル対決―

選手・チーム等との使用契約を最初に実行したブランドはアディダス（独）と言われている。1924年、ルドルフ・ダスラー（兄）とアドルフ・ダスラー（弟）は、「ダスラー兄弟靴工場」を設立し、アディは陸上選手であったことから、陸上競技の世界的選手をターゲットにした活動を開始した。当時はダスラースパイクシューズと呼ばれ、1936年ベルリン五輪において陸上短距離と走り幅跳びで4つの金メダルを獲得した黒人選手、ジェシー・オーエンス（米国）に着用させ一躍、注目を集めた。因みにJ・オーエンスはカール・ルイス（米国）以前の4冠王として長く歴史に名をとどめたスプリンターである。

1948年、兄弟は経営上の理由により袂を分かち、弟のアドルフは南ドイツ・ヘルツォーゲンアウラッハに「アディダス」を設立、翌年には三本線（スリーストライプ）が誕生した。兄のルドルフは川を挟んで対岸に「プーマ」を創業し、以降、兄弟は骨肉の争いを繰り広げながらライバルとして成長し、世界的なブランドを築いていく。

サッカーでは1952年ヘルシンキ五輪において西ドイツ代表全員がアディダスを着用、52年ワールドカップスイス大会では西ドイツ代表はピッチコンディションによりスタッドを取り換え可能なシューズを着用し成功を収めた。

これらの成功事例を積み重ねて現在に至り、ナイキと並ぶ世界2大ブランドとして激しい競争を繰り広げている。

一方、後発ながら売り上げ・利益で先発のアディダスを追い越し、トップを独走するナイキは、アディダスの成功事例を学びながら独自の戦略・戦術を編み出し、世界一の巨大市場である北米で圧倒的な成功を収めた。

並行してアディダスの牙城、欧州にも攻勢をかけプーマも巻き込み熾烈な競争に発展した。筆者は1974年頃から米国・欧州・オセアニア等で展開された三者による企業間競争の場に居合わせたが、投入される経営資源のスケールの大きさに心底驚いた経験を持つ。五輪、サッカーワールドカップを筆頭に、各種競技の世界大会・スポーツイベント現場における有力ブランドのプル戦略は企業の総力戦の様相を呈し、優劣がその場で結果としてもたらされるので緊張を強いられることが常であった。

ナイキはメディアバリューが高い北米4大プロスポーツのNFL（ナショナルフットボールリーグ）、NBA（ナショナルバスケットボールリーグ）、NHL（ナショナルホッケーリーグ）、そしてMLB（メジャーリーグベースボール）、加えてATPツアー、PGAツアー、カレッジスポーツに早くから進出し、ライバルのアディダスを圧倒、本拠地米国市場においてはむしろ強敵は業界3位のリーボックであった。

時を経て2005年8月、1本の電撃的なニュースがスポーツ産業界に衝撃を与えた。それはアディダスが約4200億円で市場第2位のリーボックを買収したことである。世界一の市場である米国で打倒ナイキの旗印を掲げ、2大ブランド競争がより激しさを増すこととなった。

アシックスvsミズノ―国内二強のローカル対決

1960年代に輸入製品として日本上陸を果たしたアディダスを迎え撃つミズノ（当時は美津濃）は、ダスラー兄弟靴工場の創業より早く、1906年（明治39年）「水野兄弟商会」を創業、戦前から五輪代表等へ用品を供給した実績を持つ。１９６4年アジア初開催の東京五輪においては、聖火リレーランナーウエア、日本選手団公式服装など組織委員会、競技団体へ多数の物品を供給した。以後も国内を中心に競技団体等を手厚くフォローし、１９７２年札幌冬季五輪においては組織委員会向けに8万点を超える物品を供給した実績を持つ。時代は進み日本が不参加となった80年モスクワ五輪においては、同組織委員会と聖火リレートーチ、ランナーのウエア、シューズの独占供給契約を結び、日本で製造し納入した実績を持っている。他に選手村内フィットネスセンター設置と運営も含まれていて、前年のプレ五輪大会においてリハーサルを実施し高い評価を得たことも事実である。当時の隠されたエピソードを紹介しよう。

聖火リレー最終ランナーが誰であるか？　今と同様に当時も開会式当日まで明らかにされない規則があり、組織委とミズノで極秘裏に事を進め当日を迎えた。１９８０年7月19日、10万を超す観客で埋め尽くされたモスクワレーニン中央スタジアムに聖火が入場、最終ランナーへと手渡されスタジアムはクライマックスを迎えた。ランナーは国民的英雄の一人でバスケットボール選手、長身のセルゲイ・ベロフ、白地に赤の縁取り、公式エンブレムをプリントしたウエア、赤のシューズを身につけ点火台へと駆け上がる。この時、スタジアムのＶＩＰシートで固唾を飲んで見守っていたプロジェクトのトップであった水野正人（当時、ミズノ株式会社常務取締役）は、手にした愛用の双眼鏡から見えるランナーのシューズに驚き、成り行きを見守りながら怒りを隠せなかった。色形は同じだが肉眼では識別出来ない三本ラインが施されたシューズを履いているのだ。その後、組織委との話し合いで判明したことは、当時、国策によりソ連国内においてアディダス製品を製造していた同社の総帥ホルスト・ダスラーとその部下達が仕組んだアンフェアな行為という驚くべき内容であった。ホルスト・ダスラー率いるアディダスは、スポーツ政治の裏側で暗躍し、その後もメガスポーツイベントの舞台裏でスポーツマンシップやフェアプレーとは凡そ似ても似つかぬ行為を繰り返し行った歴史があり、ＩＯＣ委員の不正行為、最近、頻発するＦＩＦＡ不祥事、ロシア陸連ドーピング偽装問題などの報道に接し、スポーツの世界も汚染が続いているとの想いに駆られている。

話を戻そう。ミズノは１９９8年長野冬季五輪において、国内最上位のゴールドスポンサー契約を20億円（物品提供により金額換算含む）で獲得、日本選手団公式服装、大会役員、ボランティアなどのウエア・シューズを提供した。

更に選手団服装のレプリカを全国展開し、売り上げ、利益を挙げている。また、同社は1998年10月、IOC（国際オリンピック委員会）と役員用ユニホームで公式サプライヤー契約を結び2008年の北京大会まで継続していた。夏冬の五輪の度に、メディアを通じたブランドの露出が実現したが、2012年ロンドン大会よりナイキが取って代わった。

一方、鬼塚喜八郎が戦後、1949年（昭和24年）神戸で創業した「オニツカ（株）」は競技シューズを専業として高度成長期に業績を伸ばした。その後、幾度かの経営危機に見舞われたがその都度、経営立て直しを図り、美津濃に追いつけ、追い越せと1977年、スポーツ用品関連の2社と合併し「（株）アシックス」となった。ミズノ追撃の態勢を整え、折からのスキー・ゴルフブームに乗り売り上げが拡大した時期もあったが、バブル経済破綻後、深刻な危機に陥り希望退職者募集、ゴルフ、スキーなど事業撤退、組織再編を断行した。その後、事業領域の選択と集中を断行し、世界的なランニングブームに乗り機能商品を開発、欧米、オセアニアなどで販売を伸ばし業績が上向き、成長を持続している。直近においては売り上げベースでナイキ、アディダス、プーマに次ぐ世界第4位の企業となり、グローバルプレーヤーとして積極経営を展開中である。国内ではミズノ、ナイキ、アディダス等との競争、全世界では二強プラス、プーマ、新興のアンダーアーマー（米）とのレースが熾烈を極めている。特筆すべきは2020東京五輪・パラリンピック大会のゴールドパートナーに名乗りを上げ、推定150億円（物品提供含む）で契約、コーポレート・ブランディングの強化により業績の更なる伸長を目指している。

以上、述べたようにスポーツブランドのマーケティングは頂上作戦と称され、メディアバリューが高いイベントにおいて、選手やコーチ、役員等が着用することを通じて、推定50億人もの人たちがブランドを視認することを目指しており、そのために全企業力を投入するという特徴がある。

こうした戦略が箱根駅伝を舞台にどのような内容で展開されるかについて検証してみる。

箱根駅伝への参入

メディアに注目を浴びる以前より、ブランドの使命としランナーの記録向上の為に、シューズ・ウエア等の開発を続けているアシックス、ミズノは伝統校の監督、スタッフ、選手達と年間を通じて交流を積み重ねていてその歴史は長い。

活動がより活発化したのは、テレビ東京による中継が行われた第55回大会（79年）頃からである。当時は1月3日録画ダイジェスト放送、ゴールは生放送であった。日本テレビによる中継が全区間で完全生中継がスタートしたのは第65回大会（89年）からである。日本テレビはネットワーク局が国内最大でカバレッジ効果が見込めることから、スポーツブランドは有力参加校に対してよりコンタクト度を強め、ブランドの露出を高めることに注力するようになった。最新の情報によれば、放送時間はＮＮＮニュースを含み往路４２５分、復路４３８分となっていて画面上では走者が主役となり否が応でも視聴者の目に印象付けられると共に、大学のスクールカラーを用いたウエア・シューズ等も同時に視認される。

メディアバリューが高いとされる箱根駅伝を如何に効果的に取り込み、ブランドの認知を経て購買動機を植え付け、店頭へと誘引し商品の購買へ結びつかせる一連の活動が精緻に実行されている。活動の根拠となるのは、次に述べる消費者行動に関する理論である。

ブランディング戦略に基づいたプロダクツのシェア競争

ブランド認知が高まり消費者はブランドを選好する行動を起こし、次いで購入する行動へと発展する。消費者行動に関する研究において凡そ90年前頃に「ＡＩＤＭＡの法則」が発表されて以来、２０００年頃まで広く通用したが、成熟化社会、高度消費時代が進む中、新しいモデルが必要となった。秋山隆平は「ＡＩＳＡＳ」モデルを杉山恒太郎と共著『ホリスティック・コミュニケーション』（宣伝会議）で紹介し、反響を呼んだ。モデル図を引用する（図１）。

箱根駅伝が年間を通じてメディアで取り上げられ、陸上競技者から一般の市民ランナーと呼ばれる人たちへと情報が波状的に伝達され、予選会で出場校が決定する時期に一つの波を迎え、以後、本番へ向けて高まりを見せる。

スポーツブランドも呼応するように、年間を通じて有力大学チームをターゲットとして、一心同体の如くスケジュールを組み活動している。活動内容、プロセスは概ね次の通りである。

①１月本番終了後、結果をレビューしまとめる。
②次年度に向けての総合計画を検討し、経営資源投入計画を立案する。
③担当レベル↓部門レベル↓全社レベルと修正を重ね、最終案として意思決定レベルへ提案する。この間、関係する部門として研究開発・企画・生産・販売・販売促進・

Attention		Interest		Desire		Memory		Action
A	→	I	→	D	→	M	→	A
気づく		興味を持つ		欲しくなる		記憶する		購入する

気づく		興味を持つ		検索する		購入する		情報を共有する
A	→	I	→	S	→	A	→	S
Attention		Interest		Search		Action		Share

図1　AIDMAからAISASへ
（引用：AISASは電通の登録商標。電通広告事典、p.14-15）

宣伝広報等がタスクフォースを編成する。

④計画案承認↓計画実行はタスクフォースを中心に推進される。

⑤夏合宿までにターゲットとの交渉（大学本部部門・監督・スタッフ・主将・選手の各レベル）を終了する。他社の動向も観察し必要な対応策を講じる。複数ブランドがオファーする場合も多数有り条件競争になるケースもある。

⑥夏合宿までに内容のフィードバックを行い、修正を繰り返し最終仕様（スペック）を提出、承認を得る。この間、試作品の使用テストを重ね完成品により合意する。金額他の見積交渉も並行して行い合意を文書で行う。この間も競合ブランドの動きを観察し速やかに対応する。

⑦10月中に完成品を納入し評価を確認するとともに、宣伝広報活動計画に反映する。

⑧箱根駅伝に協賛し、キャッシュプラス大会役員・補助役員等にウエア等を提供するミズノは、ショップ展開計画に基づき、受注活動を行いデリバリーに備える。流通ルートはランニング専門店、日本テレビネットショッピング、ミズノ直営店、箱根駅伝ミュージアム、都内・神奈川県内土産店、東名高速道路PA・SA等。

グローバル二強と国内二強の四つ巴

ナイキvsアディダスによる企業間競争は箱根駅伝においても毎年のように繰り広げられている。母校のプライドを表現するチームユニフォームは、通常1ブランドで統一される。早稲田大学はアディダスとの包括契約（パッケージングディール）を結び、体育局に所属する公認運動部は予め決められた条項により、アディダスブランドのウエア等を着用する義務を負っていると報じられている。都の西北、早稲田大学は我が国大学スポーツの雄として長い伝統と輝かしい実績を誇っており、アディダスとのwin-winの契約は、カレッジスポーツ先進国である米国事例の導入

表1　企業（ブランド）が期待する成果と内容（桂川作成）

項目	期待される成果内容	成果の確認
コーポレート・ブランディング	メディアヴァリューが高いイベントを活用してコーポレートブランド認知が向上・浸透する カテゴリーブランド（陸上競技・ランニング）の認知向上・市場シェア獲得が期待できる	テレビ中継・ニュース視聴率から推計 ネットアクセス数、新聞・雑誌購読数から推計 調査会社からデータ購入する
研究開発	トップレベルランナー・監督、スタッフの要求する機能に関するアイディア・ヒントが常に得られる アイディア・ヒントをベースに試作・テストを繰り返し行い高機能が開発できる データの蓄積・集積ができ他分野への汎用性が拡大する→ DB	開発件数、特許出願・取得数 意匠登録数、グッドデザイン賞獲得数
商品企画	プロトタイプを市販レベルに落とし込みマーケットへ展開することが可能となる。→商品化、回転率、粗利益率→販売→利益→再投資のサイクルが達成	市販商品アイテム数・販売数、回転率、粗利益額、営業利益額
生産	生産技術のアップデートが図られ蓄積・汎用性が拡大する	生産コスト削減額 生産設備改良数
販売・流通	箱根駅伝モデルの投入、商品化権を利用したＭＤの売り上げ・利益獲得 流通刺激による二次的効果→セールストークに活用、例；箱根駅伝に協賛、ウエア・シューズの着用率、評判等	扱い点数、売り上げ・利益額、粗利益率・額
広報・宣伝販売促進	マスメディアに年間を通じて注目されるのでパブリシティ効果の訴求が持続的に可能である 競合ブランドのシェア調査を行い市場調査資料として活用ができる	媒体取り上げ数（記事） 競合ブランドとの対比データ（チーム別シューズ・ウェア着用データ）
人事・総務	リクルート効果が創出→採用活動に好影響を与える 株主・社員・家族・取引先などステークホールダーへのメッセージ効果が期待できる	応募者数 素材調達など優位 株価
マーケティング全般	テストマーケティングの場→量産以前に感触が得られることにより、経営ロスを排除・最小限に止めることができる	市場に投入する前工程で市場調査が行われ、生産調整に反映、プラスマイナスが可能

（対象；記録会・予選会・合宿・三大駅伝・大学選手権等を含む）

として注目を集めている。

契約は適正に履行されているだろうか、答えはノーである。駅伝においてはアディダスに加えてアシックス、ミズノ、ナイキの各社がお馴染みの臙脂に白のW文字、デザイン・カラーは同じ、各ブランドのロゴをマーキングして提供する事態が起きた。各社の面子を保つために、選手個人に選択が委ねられた結果だ。契約により対価を提供したアディダスの面子は丸潰れだ。他の3社は結果的にルール破りをしたことになるのだが、それでもアディダスは忍耐強く提供を続けている。果たして2016年の正月はどうなるか、当事者ではないものの気になる。余談だが、筆者は同様な経験を持っており、スポーツ団体・チーム・個人との契約の複雑さ、難しさを痛感している。

4ブランドが有力校を含む出場校に対し、如何なる条件を提案し合意に達しているか、企業秘密なので明らかにはならないが、お互い情報収集を行い、手の内を探りながらの競争であることは事実だ。4社の活動で共通点をまとめてみた。

①ターゲットチームに集中し、他社を排除して条件交渉の上、合意する。

②シューズは選手個人の選択が許されるケースがある為、個人に直接コンタクトする。

③上位校以外のチームからオファーがあるケースは条件交渉の上で合意する。

④投下できる予算を効率よく効果的に使うこと。

⑤高いレベルで実力が拮抗しているので、どのチームが勝つか？　露出が多いか？　ゴールまで分からない。駅伝の特性として気象条件、メンバー交代の采配など変動要因があり、番狂わせも起きる。したがって、予想が外れることがしばしば起きる。

箱根駅伝直前と直後における店頭展開戦略と流通刺激策（インセンティブ）

ブランドは箱根駅伝をステージとして、アーティストである選手の衣装として高機能ウエア・シューズの研究開発を行い、その成果を根拠にして製品として一般市場へ投入する。例えば、山登り・山下り用シューズ、軽量、衝撃吸収効果、風避け効果・速乾性があるなど、キャッチコピーを用いて宣伝と店頭におけるディスプレイツールを作成し流通を支援する。ショップは11月より店頭で商品展開を行うが、出場校のウエアのレプリカ販売が契約上可能かと言うとノーである。許諾されている商品のカテゴリーが狭い範囲に限定されている事、それは出場校との商品化許諾契約が為されていない事などである。また通年展開が難しい季節商品であること、関東圏に限定されていることも理由とされていて、メディアバリューが高い割には、マーチャンダイジング（商品化）においては、売り上げと利益が伴わない難点がある。

投資効果と効率を考える

—売り上げ・利益などの数値効果よりもブランディング効果の比重が大きい—

先に述べたように業務が通年に渉ること、交渉等手間を要すること、従事するスタッフの質量が求められる為などブランドとして経営資源の投入は少なくないが、果たして効率は良いか？ 問われると良いとばかり言えないのが実態である。例えば、開発費用、試作品作成、修正の繰り返し、学生陸上公式大会や合宿の際の現場訪問は夜間・土日勤務になること、大会に備えて早朝からの業務など多忙を極め、スタッフの負担が過重になりがちである。つまり、諸経費が嵩みコスト削減どころか増加に繋がるからである。企業は営利を目的とし最大利益を得るために経営資源を効率的に配分しなければならない。

では箱根駅伝に相当の経営資源を投入して、競合ブランドとの競争を勝ち抜くことに注力する理由は、明らかにされているだろうか。効率を重視すれば株主等に対し合理的な説明が難しいと思われるが、それでもなお、コミットする、競争から脱落しないで止まる理由について関係者に聞いてみた。各ブランド一応に「メディアバリューの高いイベントにおけるブランドビルディングとして活動しており、成果は十分得られている」、「高機能商品の開発が実現し、汎用効果が創出できた」、「大会グッズの独占販売圏を活用し、投資の回収がある」、「スポーツ活動のレベルが高い大学との総合的な取引が実現し投資の回収がある」、「箱根駅伝を目指している学生長距離選手が使用することで、高校・中学生選手層にブランドが浸透し、購買を誘引する効果が確認できる」などポジティブなコメントが述べられた。

各ブランドが投資するコストは企業秘密であって公開されるものではないが、積算すると数千万単位と推定される。なかでもミズノは20年間、大会協賛を行っているので、最も多額の投資を継続しており、目に見える成果が得られていると解釈できるだろう。

むすび

箱根駅伝は２０１６年で92回目を迎える。毎回のように選手たちがナラティブ（物語）を紡ぎ、テレビ放送の実況が執拗に絡み、より高揚感を高めながらレースを追う。メディアバリューが高くテレビ中継視聴、ネット動画配信、沿道での応援等により多数の国民が感動する大学スポーツの華「箱根駅伝」を、ビジネスターゲットとして注力するスポーツブランドの行動とその背景を追ってみた。

筆者はスポーツブランドに勤務し、商品企画、マーケティング部門が長く、メガスポーツイベントからナショナルレベルまで大小の活動を経験した。その間、当事者として強い目的意識と緊張感を持ちながら各プロジェクトに従事した思い出があり、スポーツイベントの主役である選手、スタッフ、家族、主催者、競技役員、メディア含めイベントに関わる全ての組織、個人等との接点に立った実感を持っている。それらの利害関係、葛藤や人間関係、企業の論理の存在などを幾度となく踏み、想定外の事態に心臓の鼓動が停止するような場面に遭遇し、思考が停止するが如き経験も度々であった。

世界トップクラスアスリート達に対し、彼らのパフォーマンスが最高に発揮されるよう、企業力を統合的に機能させ、製品開発を実現し、機能的にも情緒的にも全幅の信頼を与えることを目的とした活動は、競技が存続する限り続くだろう。そこにはスポーツブランドの原点、存在理由、ブランドの誇りがあるからだ。しかしながら、プライドを賭けた競争は、結果においてマーケットにおける売り上げ、利益の最大獲得であり、競争優位に立ち続けることであろう。

【参考文献（順不同）】
『スポーツマーケティングを学ぶ』広瀬一郎（創文企画）
『スポーツビジネス論講義』広瀬一郎（創文企画）
『アディダスｖｓプーマ』バーバラ・スミット
『ＳＷＯＯＳＨ＋ＮＩＫＥ』Ｊ・Ｂシュトラッサー&Ｌ・ベックランド
『just do it ナイキ物語』ドナルド・カッツ（早川書房）
『黒い輪』ヴィヴ・シムソン、アンドリュー・ジェニングズ
『グローバル化するスポーツとメディア、ビジネス』早川武彦（創文企画）
『ＩＯＣオリンピックを動かす巨大組織』猪谷千春（新潮社）
「ＩＯＣ公式ＨＰ」www.olmpic.org
「ＪＯＣ公式ＨＰ」www.joc.or.jp
『スポーツマネジメントの時代を迎えて』スポーツアドバンテージ・ブックレット（創文企画）
『ネット時代のスポーツメディア』現代スポーツ評論22号（創文企画）
『マーケティングコミュニケーション大辞典』（宣伝会議）
『電通広告事典』（電通）
『スポーツビジョン21』（通商産業省産業政策局）
「アシックス公式ＨＰ」アシックス株式会社 www.asics.com
「ミズノ公式ＨＰ」ミズノ株式会社 www.mizuno.com
『全人間への旅—私の履歴書』水野健次郎（日本経済新聞社）
「ＡＤＩＤＡＳ公式ＨＰ」www.adidas.com
「ＮＩＫＥ公式ＨＰ」www.nike.com
「箱根駅伝公式ＨＰ」
「関東大学陸上競技連盟ＨＰ」
「讀賣新聞ＳＰＯＲＴＳＢＩＺ連載」２０１５年10月1日〜
『Inside the Olympic Industry』HELEN JEFFERSON LENSKY J
『SPORTS MARKETING』George R Milne、Mark A. McDonald
『The Marketing of Sports』John Beech & Simon Chadwick

特集 箱根駅伝の正体を探る

箱根駅伝がもたらした陸上競技のアンバランス

滝口隆司　毎日新聞

駅伝は目的か手段か

ロンドン五輪が終わった2012年の冬、京都市で開かれる全国高校駅伝競走大会の開催を控え、毎日新聞はスポーツ面で連載を組んだ。タイトルは「頂上と裾野を見つめて　全国高校駅伝を前に」である。

5回連載の中で、「将来重視か、達成感か」をテーマにした記事を3回目に掲載した。冒頭に登場するのは、岡山・興譲館高の森政芳寿監督である。2005年に全国制覇した当時の主力2人がロンドン五輪に出場。1万mで入賞目前の9位となった新谷仁美（ユニバーサルエンターテインメント）と、マラソン代表となった重友梨佐（天満屋）だった。森政監督はこう言っている。

「やっと五輪選手を育てることができた。高校時代がピークで、卒業後は伸びていないと言われることもあったから」

興譲館高では、1年生の時は800mや1500mといった中距離を中心に鍛え、学年が上がるにつれて距離を伸ばしていくという。高校ではあくまでスピードを重視し、大学や実業団でさらに距離を伸ばせばいいという考えである。

駅伝で勝つことが「目的」となってしまい、選手が燃え尽きてしまう。そんなことが以前から指摘されてきた。では、駅伝は何のために行うのか。マラソンなど長距離走のための練習の一環と位置づける「手段」なのか。連載はそういう視点を高校駅伝の指導者に投げ掛けた。

出場校に毎日新聞がアンケートしたところ、回答内容は分かれた。記事に紹介されている「目的派」は、茨城キリスト高の山本友子監督が「生徒は『都大路を走りたい』と入学してくる。その目標を達成させてやることが指導者の務め」と語るように、生徒に達成感を体験させることを重視する意見である。一方、「手段派」は、東京・八王子高の井上洋監督が「これだけ人気があると目的としたくなるが、やはり冬季練習の一環」と言うように、駅伝はそれぞれの選手の種目を強化するための練習であり、団体練習を通じて陸上部全体を強化できる、と考える。記事は女子を取り上げているのだが、このテーマは「駅伝」を論じるうえで男子にも共通の問い掛けといえるだろう。

高校駅伝で1990年代からずっと問題となってきたのは外国人選手をめぐるテーマである。なぜアフリカ出身の選手が駅伝には必要なのか。中には国際交流や研修を理由にする学校もあるが、外国人選手の起用は、やはり勝利至上主義の上にもたらされたシステムであることは否定しようがない。1993年の大会で宮城・仙台育英高が男女各2人のケニア人選手を擁して男女とも優勝してから20年以上の歳月が過ぎた。その間、外国人選手の人数制限や走る区間の限定を行って競技の公平性を保ってきたが、高校駅伝で勝つことを過剰に追求した結果が、あらゆる面で弊害をもたらしてきたといえるだろう。競技の公平性ばかりでなく、ランナーの燃え尽き症候群や体調不良、過剰な練習量による故障もその一つであり、高校生の健全な心身の育成がバランスを崩しかけているのかもしれない。

本論のテーマである箱根駅伝（東京箱根間往復大学駅伝競走）も、高校駅伝につながる課題を抱えながら巨大化を続けてきた。箱根が最終目標となってしまい、大学卒業後はランナーとしての成長が止まってしまったり、陸上競技から引退したりするケースも多い。では、箱根駅伝にも同じ問い掛けをすればどうか。箱根駅伝は「目的」か、それとも「手段」か。

金栗四三の思想

箱根駅伝の生みの親とされる金栗四三（かなぐり・しそう）は、どのような理想をもって箱根駅伝を創設したのかを改めて考えてみたい。

金栗といえば、日本が五輪に初出場した1912年ストックホルム五輪のマラソン代表として知られる。レース途中、日射病で意識を失って倒れ、近くの農家に介抱された。ところが、棄権したという連絡が大会本部に届いていなかったことから、スウェーデン・オリンピック委員会は大会から半世紀以上過ぎた1967年、ストックホルム五輪の55周年記念行事に金栗を招き、「行方不明」となっていた金栗に競技場で走ってもらったのである。ゴールテープを切った瞬間、「日本の金栗、ただいまゴールイン。タイム、54年と8カ月6日5時間32分20秒3、これをもって第5回ストックホルムオリンピック大会の全日程を終了します」とアナウンスする粋な計らいをしたのは、あまりにも有名な話である。金栗はこのエピソードとともに、日本の黎明期のマラソンランナーとして歴史に名をとどめている。

ストックホルム五輪で惨敗した金栗は、日本のマラソン普及に力を尽くした。日本初の駅伝競走として京都三条大橋と東京・上野不忍池間で行われた東海道五十三次駅伝や、下関―東京、日光―東京の走破などを次々と企画・実施した。自分が練習に打ち込むだけではなく、日本全体のレベルをアップさせようとしていたのである。その一つとして持ち上がったのが、アメリカ大陸横断の駅伝だった。サンフランシスコをスタートし、中部の農村地帯を通ってニューヨークを目指すという突拍子もない発想。実は、その予選会として企画されたのが箱根駅伝なのである。

ノンフィクション作家、佐山和夫氏の『箱根駅伝に賭けた夢　「消えたオリンピック走者」金栗四三がおこした奇跡』（講談社）によれば、箱根がコースに選ばれたのは、ロッキー山脈越えを想定したからだという。当初は「日光―東京」や「水戸―東京」の案もあったが、ロッキー山脈の難所に耐えるランナーを選ぶには「天下の険」と呼ばれる箱根のコースが最適だと考えた。そこで箱根駅伝を実施するにあたり、金栗は東京にある13の大学や専門学校、師範学校に声を掛けた。だが、10人の長距離走者をそろえられる学校は少なく、第1回大会に集まったのは、早稲田大、慶応大、明治大、東京高等師範学校の4校に過ぎなかった。

1920年2月14日、金栗が審判長として出発の号砲を鳴らし、大会の歴史は始まった。現在と同様、2日間のレースを経て優勝したのは東京高師。2位は明治大、3位は早稲田大、4位は慶応大という結果に終わった。

その中から米国に派遣される選手が選ばれ、遠征も実施されたが、大陸横断の駅伝自体は無理があるとの判断で実現しなかったという。とはいえ、箱根駅伝はアメリカ大陸横断、そして五輪のマラソンを見据えた「手段」として始まった歴史的事実は見逃せない。

金栗四三の生涯を描いた『走れ 二十五万キロ マラソンの父 金栗四三伝』（長谷川孝道著、熊本日日新聞社・熊本陸上競技協会刊）には、箱根駅伝に対する金栗の考えがこう記されている。

「マラソンは孤独な競技である。個人の練習ではいかにがんばっても、そこには限界があるし、面白味も少ない。そこで長距離レースをチーム競技に仕立て各大学間にせり合わせてみたらどうだろう。対抗意識が生まれれば、各校とも力の入れようが違うし、選手もはっきりした自分の責任が生じて、練習のつらさも克服できるだろう。それは将来のマラソンの普及・向上にも大きな効果を生むに違いない」

孤独な競技と表現されているように、陸上競技はあくまで個人競技である。しかし、金栗はここにチーム競技の発想を持ち込むことによって、本来以上の可能性を引き出せると考えたのである。つまり、駅伝という種目が、マラソンをはじめとする種目を強化するための「手段」として始まった経緯は、駅伝の原点として把握しておく必要があるだろう。

関東一極集中を変えられるか

だが、箱根駅伝をマラソンの強化に役立てるという金栗の思いは、現状を見る限り浸透したとはいいがたい。箱根で勝つことは勝利の喜びだけでなく、商業的な価値や大学の宣伝といった付加価値を生むようになった。そして、注目の集まる箱根駅伝で走ることにあこがれ、関東の強豪大学に進むことを目指す高校生のトップランナーが相次いでいる。

大学の「三大駅伝」といえば、10月に開かれる出雲全日本大学選抜駅伝、11月の全日本大学駅伝対校、そして翌年1月の箱根駅伝を指す。ところが、出雲駅伝と全日本大学駅伝の成績を見ると、いずれも関東の大学ばかりが上位を占めている。

出雲駅伝は１９８９年から始まった歴史の浅い大会だが、２０１５年10月に行われた第27回大会まで、関東以外の大学が優勝したことは一度もない。10位までの上位成績をみても、関東以外でベストテンに名を連ねたことがあるのは、京都産業大、中京大、鹿屋体育大、広島経済大、大阪体育大、第一工業大、関西大、徳山大、立命館大だけである。上位3位の過去の成績をみると、第一工業大が一度だけ3位になったことがあるに過ぎない。

伊勢路を走る全日本大学駅伝も、同様の現象がみてとれる。1970年からスタートした大会は、これまで47回の歴史を重ねてきた。2015年の第47回大会も、関東以外の最高順位は京都産業大の11位。それに続くのが16位の関西学院大、17位の立命館大、19位の関西大……。いずれにせよ、関東以外の大学が優勝を争えるレベルでないのは明らかである。

こうした状況は、今後、大学陸上界の地域的アンバランスをさらに加速させるだろう。才能ある高校生ランナーは関東の大学を目指し、関東以外の大学はますます地盤沈下を起こす可能性がある。その一方で、関東の大学に行ってもレギュラーメンバーから外れる有能な選手も出てくる。そういうことが続くと、陸上界全体としては、底辺がやせ細っていくのではないかとの懸念もある。関東以外の大学は陸上部に力を入れなくなり、長距離以外の分野にも悪影響が出始めるかもしれない。また、関東の大学においても、箱根駅伝の強化にばかり力を入れるあまり、その他の種目とのバランスがとれなくなるに違いない。

スポーツジャーナリストの生島淳さんの著書『駅伝がマラソンをダメにした』(光文社新書)を読んでいて、まさに私の考えていたことをもっと具体的にとらえている項目があって驚いた。「箱根の隆盛が生んだ陸上界の構造変化」がその項目のタイトルである。そこに出てくる東京教育大(現筑波大)出身で桐朋学園大教授でもある矢野龍彦さんのコメントは実に的を射ている。

「箱根の人気がどんどん上がっていって、高校では才能ある中距離選手がいなくなりました。その多くが箱根を目指して長距離に転向するようになったのです」

著者の生島さんは次のような分析をしている。箱根駅伝を目指す大学を仮に20校とする。そうすると、各大学とも毎年5人以上の選手は必要になる。5人×20チーム、つまり、その学年で100傑に入るぐらいの選手は大学側にとっては貴重な存在だ、と生島さんは指摘する。さらにいえば、もっと強化に力を入れる大学としては5人程度では物足りず、800mや1500mなどの中距離選手、3000m障害の選手にまで手を広げ、大学に勧誘するようになる。

私は現在、水戸支局で勤務していることもあり、全国高校駅伝の茨城県予選に行く機会があった。男子のレースを競技役員と一緒に見ている時だった。県内でも注目されている才能ある選手が走っているのを見ながら、ベテランの役員がこうつぶやいたのである。

「彼はいいランナーだが、箱根でつぶれて終わっていくだろうなあ」と。私は「なぜ箱根でつぶれていくのか」と尋ねた。役員の答えは「彼は本来中距離の選手だが、箱根用の距離を走らされて自分の得意種目から遠ざけられていく」というような内容だった。「箱根用」に選手が作られ、箱根が終わった途端、才能ある選手がつぶれていくのであれば、なんと残念なことだろうか。

しかし、それでも、箱根駅伝は高校生の長距離ランナーにとって「夢の舞台」であり、箱根に出場できる大学に進学できるかどうかは切実な問題だろう。そして、そのための実績を高校時代に残さなくてはならない。長距離で好成績を残せば、関東の有名大学から声がかかる。大学側の推薦枠も箱根駅伝の強化を重視していれば、当然ながら長距離選手の枠が広くなるというものだ。特待生の待遇も、全額免除、学費免除、寮費免除、入学金免除など様々だが、箱根駅伝が大学の宣伝に役立つという認識を持つ大学は、そうした推薦枠を設定することに躊躇はない。また、選手が万全の環境で練習にも取り組めるよう施設も整備し、指導者らスタッフもそろえる。ブランド力アップに力を注ぐ大学にとっては、そうした諸条件が選手の獲得競争に直結するからである。

高校の指導者もそれを頭の片隅に置きながら選手を鍛え上げる。こうして成長した高校生の「争奪戦」が競技場の内外で繰り広げられる。「箱根中心主義」「駅伝中心主義」によって、選手の将来を見据えてじっくり育てるよりも、勝利と実績を重視した指導になり、それが「進学」という果実をもたらす。その動きは、箱根駅伝の露出がアップすればするほど強まり、現段階では止めようがないところまで来ているように見える。

駅伝の勝負自体を否定するつもりはない。スポーツは基本的に勝利を求めて戦うものである。だから、各高校や大学が陸上部員の力を出し合って駅伝に挑むことに何の異論もあるはずがない。しかし、問題は強化と育成のバランスなのである。そのバランスを著しく欠かせているのは、間接的ではあるが、われわれメディアなのではないか、という気がしてならない。そうした責任を差し置いて、この問題は語れない。

メディアの問題としてとらえる

１９８７年は箱根駅伝を大きく変える年となった、といわれる。いわば関東大会である駅伝を全国が注目するスポーツイベントと急成長させたのはテレビメディアだったからである。

それまでテレビ東京が握っていた放映権が日本テレビへと移ったことがきっかけにあった。元ＮＨＫスポーツ報道センター長である杉山茂さんの著書『テレビスポーツ50年オリンピックとテレビの発展』（角川書店）によれば、箱根駅伝の中継に挑むのは、テレビ関係者には「常識はずれの冒険」と考えられていた。片道１００㎞を超えるロードレースであり、時にヘリコプターからの中継も必要。しかし、雪が降ることも当然予想される正月の開催である。大雪になれば、ヘリはおろか移動中継車も使えなくなる。リスクばかりが懸念されるスポーツ中継である。それまでのテレビ東京もレースのポイント部分を撮影し、ダイジェスト版の放送をしていたにすぎなかった。

だが、１９９１年の世界陸上競技選手権・東京大会の放映権獲得することになる日本テレビは、その前から陸上競技の放送に力を入れ、箱根駅伝の中継技術にも磨きをかけていたのである。そうして１９８９年からは全区間での完全生中継体制を整えた。

日本で初めて開かれる世界陸上。その7年前の１９８４年ロサンゼルス五輪から五輪は商業化の方向に舵を切り、陸上競技もビジネス化の流れに乗っていた。陸上界の大スターであるカール・ルイス（米国）も健在であり、注目度が高まっていた世界陸上の放映権は、国際的なエージェントであるＩＳＬ（本社・スイス。のちに経営破綻）が取り仕切り、日本にも本格的なスポーツビジネスの時代が到来していた。そういう時代背景の中で、日本テレビは箱根駅伝の難しい中継にも取り組んだのである。

正月の2日間をかけて中継し続けるレースが、国民的巨大イベントに成長していくまでに時間はかからなかった。１９８７年当初の視聴率は20％前後だったが、２００３年には復路の視聴率が31・5％に達し、その後も30％に近い数字を維持し続けている（ビデオリサーチ調べ）。テレビ離れも指摘されるこの時代に、30％もの視聴率を稼ぎ出す番組はほとんどないだろう。

大会は関東学生陸上競技連盟が主催し、読売新聞社が共催。日本テレビは特別後援という位置づけである。サッポロビールが特別協賛社となり、番組名には「★ＳＡＰＰＯＲＯ　新春スポーツスペシャル」が冠に付くようになっている。その他にもミズノ、トヨタ自動車、セコム、敷島製パンが協賛社に名を連ねる。

大会スポンサーだけではない。各スポーツメーカーは箱根での活躍が予想される強豪大学とシューズやウエアの契約を結び、その露出でしのぎを削る。総合経済情報サイト「サンケイ・ビズ」が２０１３年1月に配信した記事によれば、「業界内では『60億円程度の宣伝効果』ともいわれる」という。２日間かけて12時間以上も視聴率30％のテレビ番組に映り続けることを考えれば、その宣伝価値もうなずける。

スポーツメディアも箱根駅伝を詳細に報道する。まず日本テレビは10月の予選会（東京・陸上自衛隊立川駐屯地スタート）から生中継して本番の2カ月以上も前から大会を盛り上げる。12月から正月にかけては、各社の陸上担当記者たちが駅伝取材に追われる。箱根に出場する強豪の各大学は取材日をもうけて練習模様を公開し、雑誌は箱根駅伝の展望号やガイドブックを発行する。年末になると、京都での全国高校駅伝、元日は群馬を舞台にした全日本実業団対抗駅伝（通称・ニューイヤー駅伝）がある。記者たちはこれを終えて東京に戻り、翌日からの箱根駅伝の取材に向けて往路のフィニッシュ地点を目指す。そして、翌３日には東京・大手町に戻って復路の優勝シーンを待ち構える。

レース当日はゴボウ抜きや脱水症状による突然の失速、「山の神」の快走……。そんなドラマを感動的に報じる。テレビにとっても、新聞にとっても、この流れは年末から正月にかけての「ルーティン仕事」であり、箱根駅伝は正月の風物詩、スポーツ紙などもいわばお祭りのような扱いである。

箱根駅伝の隆盛はメディア主導で作り上げられたものであるといっていい。だが、この隆盛によってもたらされた弊害をどう修正していくか、これはメディアだけではとてもできないことである。

陸上界全体のグランドデザインを

箱根駅伝の諸問題を考えると、甲子園の高校野球を取り巻く構図に似ている。メディア主導で国民的行事といえるまでに発展した競技会であり、その注目度に比例して、勝利至上主義がもたらす選手の故障の問題、特待生や推薦制度など進学をめぐる選手争奪戦も起きている。

こうした弊害の改善に取り組むには、やはり、そのスポーツ全体を見渡してのグランドデザインを描く必要があるだろう。

野球界は、長い歴史の中で様々な団体が乱立し、プロとアマチュアが交流する機会が少なかった。しかし、近年は徐々にではあるが、野球界全体を考えようという機運が生まれつつあるように見える。

例えば、プロ球団からの裏金問題に端を発した高校野球の特待生問題は、やはりプロとの話し合いが必要だった。ドラフト制度を改革したり、学生野球憲章を改正したりしながら、改善の方向性を探っていった。それは単に甲子園の高校野球だけを変えても、できなかった問題である。最近では、元プロ選手が学生野球の指導者に戻る際の規制を緩和するなど、あらゆる面で雪解けが進んでいる。

同じように、箱根駅伝を変えるためには、陸上界が連携して将来の陸上競技はどうあるべきかを考え、その中における箱根駅伝の位置づけを論じる機会が求められる。区間距離を変えたり、山登りをやめたりすればいい、といった意見も聞かれるが、それでは小手先の改革に過ぎない。

２０１５年夏に北京で開かれた陸上の世界選手権で日本代表は惨敗し、日本陸連の原田康弘強化委員長が責任を取って任期途中で辞任した。目標は「メダル２、入賞６」だったが、結果は「メダル１、入賞２」。リオデジャネイロ五輪の前年に強化委員長が交代したところで何が変わるのか分からないが、今の日本スポーツ界は「メダル主義」「成果主義」に追われ、日本代表の強化ばかりが頭にある。リオ五輪の先にある２０２０年東京五輪への重圧が日増しに強くなっていることは想像に難くない。

そういう状況の中で、陸上界全体のグランドデザインをだれが描くのか。ジュニア年代からトップに至るまでの普及・強化、そして市民スポーツを含めた幅広い層の発展をだれが方向づけていくのか。そのための近道などなく、陸上界の各層が意見を持ち寄っていくしかない。

駅伝に話を戻せば、▽箱根を走る関東以外の大学にも発展の土壌を広げるにはどうしたらいいか▽大学の駅伝で活躍した選手を国際的な長距離トップ選手に育てるには何が必要か▽将来的にも伸びる選手を育てていくために、高校からどんなレベルを目指し、選手を鍛えていくべきか——などがテーマに上がるだろう。そうした課題を話し合う場が必要であり、メディアも大会を盛り上げるばかりでなく、積極的に議論の場を提供しなければならないと思う。

日本の陸上界全体のことを考えるなら、箱根駅伝が関東学連主催の地域限定大会ではなく、全国の大学に開かれたものであってもいい、という発想が出てきて当然である。しかし、ビジネスが拡大していけばいくほど、既得権益も大きくなる。そのしがらみを解くことは非常に難しいかもしれない。だが、日本の陸上界のために、日本陸連が全体の強化ビジョンや発展の方向性を示した上で関東学連と協力していけば、大会の姿を変えることは決して不可能とは言い切れない。

箱根駅伝の創始者、金栗四三はこの大会がお祭りになればいいと望んでいたわけでは決してない。あくまで五輪を見据えた国際的ランナーの輩出を求めていたのである。箱根駅伝の公式サイトをみると、出場したランナーの中で五輪代表になった選手の一覧がある。１９２０年アントワープ五輪から２０１２年のロンドン五輪までに21大会でのべ84人（日本が不参加のモスクワ五輪の３人や、代表に選ばれながら不出場だった選手も含む）が、マラソンや中長距離種目の代表となったが、この中でメダルを獲得した選手はまだ一人もいない。世界選手権の代表にまで広げて成績をみると、約60人がこれまで代表となり、メダリストとなったのは、１９９１年東京大会で金メダルの谷口浩美、１９９９年セビリア大会で銅メダルの佐藤信之、２００５年ヘルシンキ大会で銅メダルの尾方剛の３人しかいない。

あれだけの数多くの大学生のトップ選手が鍛え抜かれ、競い合ってきた箱根駅伝の歴史において、金栗四三が求めた理想のランナーはまだ育ってきていないといってもいいのではないか。

大学生でマラソンに挑戦するランナーがほとんど見当たらないのも気にかかる。瀬古利彦さん（ＤｅＮＡランニングクラブ総監督）は１浪後に入学した早稲田大１年生で初マラソンを走り、２年生で出場した福岡国際マラソンでは日本人最高の５位に入って注目された。４年生の時には、結果的に日本がボイコットする１９８０年モスクワ五輪のマラソン代表にも選ばれた。箱根駅伝にも出場しながら、着実にマラソンの実績も積んでいたのである。

今、そのようなスケールの大きいランナーはいない。前半からスピードが要求される現代のマラソンで勝つには、実は箱根駅伝用の20㎞のトレーニングが向いているという考え方もあるという。しかし、箱根駅伝の舞台が若いランナーたちの最終目標となっていては、その上を目指す意欲が出てこないのかもしれない。

金栗が走った１９１２年のストックホルム五輪から１００年以上が過ぎ、箱根駅伝の歴史は２０１６年で92回目を数えた。感動と興奮のレースに一喜一憂するのも悪くはないが、時にはこの大会が何のためにあるのかを冷静に考えてみたい。

特集 箱根駅伝の正体を探る

「不思議な特別」に満ちた舞台

佐藤次郎　スポーツジャーナリスト

「走りたい。走るしかない」

箱根駅伝はいろいろな形で取材してきた。レースは何度も見てきたし、指導者たちのところへも足繁く通ったし、本を書くためにひとつのチームに焦点を絞って多くの選手やOBを訪ね歩いたこともある。そんな中で、ハコネと聞くとよく思い出すのはこの話だ。

「最初に走った時でした。体調を崩して本番の5日前に40度の熱を出したんです。街を歩いていて、道端で倒れて、救急車で運ばれたんですよ。病院で目が覚めたら、マネジャーと後輩が迎えに来てました」

3度にわたって箱根を走った経験を持つ人物の思い出である。40度の熱、それも歩いていて気を失うほどとはまったくもってただごとではない。たとえ若かろうが鍛え込んであろうが、いったんそれだけの熱が出たら体はガタガタになる。熱が下がっても体調がすぐに戻るわけがない。レースはもう目の前に迫っている。で、彼はその時どうしたのか。

「でも、走れないとは思わなかったんですよ。とにかく5日間で熱を下げよう。それしか考えませんでした。まあ、普通なら監督に言うでしょうね。でも言いませんでした。

なんとしても走りたかったですから」

なんとか熱は下がった。監督が知ることになれば、チームのためにも本人のためにも選手差し替えとなったろうが、マネジャーも後輩も、口止めしたわけでもないのにこの出来事を胸ひとつにおさめて誰にも言わなかった。そこで彼は予定通りに箱根に赴いて6区を走った。区間14位。不本意な成績ではあったが、ともかくもあの過酷なレースで、任された区間をちゃんと走り切ったのである。

想像してみてほしい。年に一度の大舞台、すべての大学生ランナーがあこがれる夢のレースに臨むプレッシャーは、それだけでも並大抵ではない。背中にはチームに対する重い責任がのしかかっている。待っているのは20㎞を超える長丁場。そこで各校のライバルたちと激しく競い合わねばならないのだ。なのに、高熱を出したばかりで体は言うことをきかない。体がもつかどうか、それどころかスタートラインにつけるかどうかさえ、まったくわからない。そんな状況に置かれてしまったら、たいがいの人間は混乱し、おびえ、何も考えられずにただ呆然としてしまうだろう。

しかし箱根駅伝を目指す若者たちは違う。普通なら震えが止まらないほどの苦境で、彼らが感じること、考えることはたったひとつだ。

「走りたい。走るしかない」

迷いの入り込む隙間は1ミリとてない。「どうしたらいいだろう」「とても走れるわけはない」「もしダメだったらチームメートになんと申し開きすればいいんだろう」「それならあきらめて楽になってしまおうか」——そんな考えはちっとも出てこないのである。というより、「走る」という思い以外には何も目にも入らず、頭にも浮かばないという状態に入り込んでしまうと言った方がいいだろうか。

というわけで、彼らはまっしぐらに突き進む。「走れないとは思わない」のである。そして実際、先ほど触れたランナーのように、過酷過ぎる状況のもとでもなんとかスタートラインに立ち、20数㎞をそれなりに走ってしまうことが多いようなのだ。これはもう、そこだけ見てもまず他には見当たらない世界と言わねばならない。

奇跡を起こす舞台

この例だけではない。こんな話も聞いた。やはり6区、箱根の山下りの区間でのことである。

その選手は、レースのつい3日前にひざの内側を痛めた。

最初は歩くのもようようだった。寒い中での練習で炎症が起きたのだという。必死の思いでハリ治療を受け、前日にはなんとか走れるようになったが、それは単に、とりあえず痛みがとれたというだけだった。強い刺激があれば、また痛みがぶり返すかもしれないのである。かもしれないというより、症状を客観的にみれば、ぶり返す可能性の方がずっと大きかったのではないか。

しかし彼もまた、いっさい迷わずにスタートラインに立った。痛み止めの注射は打っていたが、普通なら雲のようにわいてくるはずの不安を、強い決意があっさり押しのけていた。

「走るからには絶対妥協なんかしない。思いっきり勝負してやる！」

それがスタートにあたっての決意だったという。上りと同様の、ある面ではそれ以上に過酷な箱根の山下り。急な下りでブレーキをかけ過ぎれば腰やひざに負担がかかるし、かといってスピードを出し過ぎれば転倒の危険もある。おまけに下り切ってからの終盤にもエネルギーを残しておかねばならない。本来なら、到底ひざを痛めたばかりの体で勝負できるような舞台ではないのだ。

だが彼は宙を飛ぶように走り下った。ペース配分など考えなかった。「やってきたことを、ここですべて出し尽くす」とだけ思いきわめて宙を飛び続けた。結果は区間記録の大幅更新である。

こうしたことは、その気になって探せばいくらも出てくるに違いない。実際、直接聞いた例以外にも、新聞や雑誌の特集などではよく目にする。となると、いささか気恥ずかしくなるくらい大げさな表現になってしまうが、やはりこう言わねばならないだろう。箱根駅伝は、そこを目指す選手たちに、時として奇跡を起こしたり、普通では考えられないような力を与えたりする舞台なのだ。

もちろん他の種目でも、あるいは他の競技でもそうした例は起こり得る。箱根に限ったことではない。とはいえ、「普通では考えられないようなことを可能にする」特別さでは、やはり箱根駅伝が際立っているように思える。確かにそこには、何か特別なものが存在しているとファンにさえ感じさせてしまうレース、それが箱根駅伝なのである。

箱根の魔力

一方で、その特別さがとんでもない出来事を呼んでしまうことも少なくない。一番の悲劇は途中棄権だ。例えば

1996年の4区では、上位を走っていた有力二校が相次いで大アクシデントに見舞われるというかつてない事態が起きている。

優勝候補の一番手だった山梨学院大では、前年の世界選手権にも出場したエース・中村祐二選手を不測の出来事が襲った。スタート直後から足を引きずり、ほとんど満足に歩を運べないほどの状態に陥ったのだ。1区の出遅れを取り戻して3位に浮上していた本命チーム。大エースの思いもかけない姿はテレビの生中継でも伝えられ、大会全体に強烈な衝撃が走り渡った。

続いて明らかになったのが、2位を走っていた神奈川大のアクシデントだった。こちらも急成長で初優勝も狙えると評価されていた有力チームだ。高島康司選手が歩き出してしまったのは、まだ序盤の5㎞手前である。左足すねの激しい痛み。実はこれ、脛骨の疲労骨折だった。高島選手は後にこう語っている。

「1週間前から痛みが出ていました。違和感がある、力が抜けるような感じ。いままでとはちょっと違うな、と。そのへんは監督には言いませんでした。でも練習では走れちゃう。本番前のアップでも、少しおかしいなというのがあったけど、それでも走れちゃう。（レースでも）スタートして、1㎞ぐらいは普通に走れたんです。だけど、一回痛んで、その後3㎞ぐらいまで走って、そこから歩いたんですかね。足をつけなくなった。足をつくと痛くて…」

高島選手はそれでも前に進もうとした。もう歩くこともできない。だが、前のめりになり、また立ち止まり、よろめきながら前進した。

「タスキを持っているんだから、歩いてでも行くしかない。繰り上げになるかもしれないけど、どうしてもタスキを届けなきゃいけない。歩いていくと、いったい何時間かかるんだろう」

そんなことを思っていたのだと高島選手は語っていた。そこに「もうあきらめて楽になろう」という考えはいっさい入り込んでいない。監督車に乗っていた大後栄治監督が車を降りて様子を観察し、これは骨の異常だと直感して抱きとめるまで、およそ8分。監督が止めなければ、おそらく本人は這うようにして前進を続けていただろう。

山梨学院大の中村選手は12㎞過ぎまで行った。車を降りた監督が横にぴたりとついて様子をみるが、本人は首を振ってやめないと訴える。立ち止まり、また歩き出すという繰り返し。だが、ついに限界が来た。右のアキレス腱の痛みはそれほど激しかったのだ。彼は顔を覆って立ち止まった。

　あまりにも残酷なシーンだった。後には、もっと早く、力ずくでも止めるべきだったという批判が出て、これは大きな論争にまで発展した。確かにそれはそうだろう。重い故障を押して無理を重ねれば、その後の選手生活にも重大な影響を及ぼす。チームのためとはいえ、スポーツの本質を考えればレースを続けるべきではない。とはいえ、本人があくまで前に進もうとするのは、誰に強制されたわけでもない、自分自身の純粋な意志であり、思いなのである。周囲で見ている側としては、想像もつかない特別な世界、ある意味では一般社会の常識とかけ離れた極限の世界を、息をのんで見守るしかない。

　ただ、その前にひとつ疑問がある。その時アクシデントに見舞われた二人は、それぞれレース前から異常を感じていた。レースそのもので故障が発生したわけではないのだ。ことに高島選手の場合は疲労骨折という重篤な状況だった。そんな症状なのに、なんで練習では走ることができたのだろう。スタートラインについて走り出すことができたのだろう。

「レース前から、圧痛が気になるという話はあったけれど、メンバーから外すまでの要素ではなかった。箱根に魔物が

棲むというのは本当ですね。コンセントレーションがすごいので、故障が隠れちゃっていたんでしょう」

大後監督は、当時そう分析していた。箱根を目指す選手たちの集中力は、レースが近づくにつれて、いっそう研ぎ澄まされてくる。そこに、チームのためにどうしても頑張りたいという強い思いが加わる。集中力はさらに高まって、時によっては走るという行為以外のことを頭からも体からも神経からもシャットアウトしてしまう。そこで、疲労骨折による激しい痛みさえも消してしまうことがあるというわけだ。

箱根の魔力。それは時に不可能を可能にする。信じられないような力をランナーに与える。しかし時には、極限状態に入り込んでしまった選手をどん底に突き落としたりもする。ファンや取材者としては「まったく箱根駅伝というものは…」と絶句するしかない。

往復で200㎞を超える距離がそうさせるのか。険しい箱根の山という舞台によるものか。あるいはチームの絆なのか、それとも年々増していく華やかさがそうさせているのか。明確な説明はできない。が、箱根駅伝はまさしく「特別な」存在なのだろう。

いまも昔も

これだけ人気が沸騰し、屈指の大イベントになったから、そんな特別さが増したのかといえば、どうもそうではない。いまも昔も選手たちが箱根に抱く思いは変わらないようにみえる。そこで思い出すのは、戦後初めて行われた大会の様子をかつての走者たちに聞いた時のことだ。あの悲惨な敗戦の直後に彼らはレースを復活させ、喜び勇んで箱根路をひた走ったのである。

1940年（昭和15年）の第21回大会の後、戦争によって中断した箱根駅伝。その3年後には鍛錬継走大会の名のもとに、第22回と認定されたレースが行われたが、戦禍でまた中断。しかし1947年にはもう第23回が行われた。終戦後、わずか1年半での復活である。

早期復活を力強く推進したのは、軍や学徒動員から戻ってきた学生たちだった。焼け野原が広がり、食べるものにも事欠く世の中。常識からすれば駅伝どころではない。なにしろ、かつて練習していた学校のグラウンドまで畑になったりしていたのだ。それでも学生たちは大会復活へとしゃにむに動いた。以前、彼らから聞いた言葉の数々にも、その当時の思いの熱さがあふれていた。

「走りたくて走りたくてムズムズしていたんですよ。どうせ特攻隊で死ぬ身だったんだから、死にもの狂いでやろうと思いました」

「グラウンドの草刈りから始めました。背丈ぐらいの草が生い茂っていたんです。早くやりたい、ハコネ、ハコネという感じで。草を刈って、一生懸命練習しましたよ」

「とにかく走りたい。とにかくやりたい。そんな気持ちがみんなにありました」

もちろん食糧事情は悪い。手に入るものといえば、トウモロコシに少しだけ米が混じったものか、サツマイモ。靴やユニホームも粗末なものばかり。それでも連日15㎞から20㎞の練習を繰り返して、復活のレースを走ったのだという。そのころ、彼らが大会にそそいだ情熱とエネルギーは、あるいはいまの選手以上だったかもしれない。ろくな栄養も取れないまま、皆が長丁場を走り切ったということ自体、一種の奇跡のようなものではないか。「ハコネ」の響きはいつの時代でも、特別な魅力と魔力を秘めているというわけだ。

全員が力を合わせて

そんな大会には批判も多い。前述の「なぜ早く止めない」論争もそうだし、「箱根で燃え尽きるからその後の成績が伸びないのだ」の指摘もあるし、大がかりなテレビ中継によるきらびやかさのエスカレートにも当然ながら批判がある。実際、人気チームやスター選手のもてはやされようは間違いなく行き過ぎだろう。肥大化し、豪華さを増すばかりの中で本来の姿を失いつつあるオリンピックと同じく、箱根にも、あまりに大きく華やかな存在となったがゆえのゆがみやひずみが山積しつつある。

だが、と、ハコネを見つめてきた者としては言いたくなるのだ。そこには、いいか悪いか、正しいか正しくないかということとはちょっと違う次元の側面があるように思える。そこで走ろうとする若者にとっては、正月の箱根路を目指す者たちにとっては、否も応もなく引きつけられてしまう磁力が、いったん搦めとられてしまえばもう絶対に離れがたくなる魔力があるように見える。だから、成功するにしろ失敗するにしろ、栄光をつかむにしろ手ひどい挫折を味わうにしろ、走者たちは後先考えずにすべてを捧げてしまいたくなるに違いない。

まだ世の中をあまり知らない若い心を、いいも悪いもなくただ一点に突き進ませてしまう。ただ走り続けていたいと思わせてしまう。特別な、そして不思議な世界。それが箱根駅伝というものだ。

もうひとつ、これを特別たらしめている側面がある。レースにかかわる者たちが、「実際にレースを走る10人だけでなく、チーム全体の力と思いが結果に直結する」と考えているところだ。選手であれマネジャーであれ指導者であれ、多くの人々がそう確信しているのである。

学生時代のマネジャー経験から指導者の道に入り、予選を通過できない不遇、連覇の栄光、シード落ちの苦悩とあらゆる面を味わってきた大後栄治・神奈川大監督。ハコネの裏表を知り尽くしているベテランからは、かつて、「(AX)×α」という方程式を聞いた。Aは実際に走る選手一人一人の能力。Xは区間。単純に考えれば、AXの部分だけでレースの成績が出るはずだ。だが、勝負はそれだけでは決まらないのだという。「AX」の数値を大きくも小さくもする「α」があるというのが大後監督の説明だった。

αを具体的にいえば「選手が補欠の気持ちをわかってやり、補欠が選手の気持ちをわかってやること」という。どういうことか。選手になれなかった者、本番を走る10人に届かなかった者も、最後までくさらずに全力を尽くして練習を続けていれば、その姿は選ばれた者にとって強烈な刺激となり、また大いなる励ましともなる。となれば選手の側も安閑としてはいられない。選ばれたからといって、それで満足したり気を抜いたりしてはいられない。いっそう練習に熱を入れ、必死の思いで走るようになり、結果として本番ですべての力を振り絞ることができる。そこで「(AX)×α」が成り立つというわけだ。

「なぜ、そうなのかというと、200km以上も走って、たった10秒差、20秒差で勝った負けたになるし、シード権が決まったりもする。10秒差とすれば、1人1秒。ものの2〜3m。これをどう説明すればいいのか。最後に、いろいろな意味で心がひとつになって、1秒でも早くタスキを渡そうという気になっているかどうかということしかない。他には説明がつかない。リザーブもあれだけ真剣になっているのだから、いいかげんなことはできないという気持ちになるかどうか。10人だけ強い選手がいるというのでは、チームは必ず崩れてしまう」

だから、そのαをどれだけ膨らませるかが真髄であり、醍醐味なのだとだいうのが大後監督の結論だった。すなわち、全員駅伝、チームの総合力が最後の結果に直結しているという確信である。

実際、箱根にかかわる選手たちからは、「部員全員が最後まで『切れてしまわない』ことがすごく大事」「選手になれなかったからといって練習をやめてしまったら、走る10人もダメになる」「くさったりしたら、全体の足を引っ張る」――といった声をしばしば聞いたものだ。もちろん、リザーブからの突き上げが正選手の能力をより引き出すという効果もあるに違いない。一方、いわゆる「大砲」、飛び抜けた走力を持つエース級を擁するチームがいともあっさりと敗れてしまったケースで、実は中堅から下積みの層がすっかり緩んで意欲をなくしていたのだと後から聞いたこともあった。ということはつまり、いかにもただの精神論か建前にしか思えないようなところもある「全員駅伝」の思想が、ここでは現実に勝負を左右する厳然たる事実として存在しているのだと言い切ってもいいのだろう。

「全員が力を合わせてひとつのゴールを目指す」とは、まさしくスポーツにおける理想である。とはいえ、それは多くの場合、言葉のうえのことに過ぎない。その建前を心から信じている者は本当は少ないのかもしれない。が、箱根駅伝の世界では、理想が現実の形となっている。理想を心から信じていられるし、その実現を見届けることもできる。一途な若者にとって、それはまさしくひとつの理想郷に違いない。

変貌を続けるハコネ

ただ――。箱根駅伝は大きく変わってきている。さまざまな変化があるが、競技そのものの面でいえば、なんといってもこれだ。10年と少し前くらいから、それが顕著になってきた。もはや努力だけでは勝てなくなったのである。

かつては努力という単純素朴な美徳がものを言う舞台だった。持って生まれた長距離ランナーとしての才能や適性がそれほどなくても、こつこつと地道な練習を積んでいきさえすれば、箱根を走れる可能性が開けていた。わずかな可能性ではあっても、努力がゴールへと導いてくれるかもしれなかった。

チームとしてもそうだ。高校時代は無名の選手をじっくり育てて、ある程度安定した走力を身につけさせれば、そうした選手を何人かそろえていけば、予選も通過できるし、正月の本番でも上位に食い込める余地があった。それどころか、そうしたやり方で優勝も狙うのも不可能ではなかった。ところが、いまやそんな話は夢物語にすぎなくなりつつある。

以前は我慢と忍耐のレースだった。無理にペースを上げなくても、各区間で地道に粘っていけばそれなりの結果が期待できた。いまは180度違う。すべての区間で、山上りでさえスピードの勝負になっている。その中で勝ち抜いていくには、まずは高校でトップクラスの選手を何人も取ってくる必要がある。練習も、量を走り込むというより、スピードを重視した質の高い内容にしなければならない。まず才能が大前提としてあり、さらにそれを磨き抜かねば勝負にならない時代になったのである。

加えて、この大会の抜群の人気に乗って知名度を高めたい大学が、資金と人材を用意して新たに参入してくるようになった。選手のスカウト合戦は激しさを増し、施設の整備や有名指導者の招聘も必須となっている。激烈な競争の中で、かつては現実のものだった「平凡な選手が地道な努力を重ねて箱根路を走る」というサクセスストーリーはほとんど不可能になっていると言わざるを得ない。

選手たちがすべてをそそいで目指そうとする唯一無二の大会。常識を超えた出来事や奇跡とまで言いたくなる展開がしばしば現実のものとなるレース。チーム一丸、全員の力で勝つという言葉を本気で信じることができる舞台。そうした特別さはいまも本質的に変わってはいないはずだ。そうでなければ、大会に渦巻くあの熱気、あの興奮は生まれない。

しかし、変貌はまだ続くだろう。大会を取り巻く環境もますます変わっていくだろう。そうなった時、箱根は本来の姿を保っていられるだろうか。

「努力すれば道が開ける」「平凡でも練習で非凡になれる」というひとつの理想は既に失われつつある。それでも選手たちの多くは努力を惜しまないし、損得抜きに、後先も考えずにすべてをそそごうとする情熱もまだ燃え盛っている。だが、変化がどこかである一線を越えた時、何かが決定的に変わるかもしれない。いいか悪いか、正しいか正しくないかとは別の次元にある、ある種不思議で神秘的でさえある特別さも、どこへともなく消えてしまうかもしれない。

一世紀近くの長い年月を箱根駅伝は大河のように流れ続けてきている。さまざまな変化にさらされつつ、ハコネをハコネたらしめている何かはずっと保たれてきた。が、この大会がこれからどんな道筋をたどることになるのか、大河の先の流れはまだ見えていない。

特集 箱根駅伝の正体を探る

祝祭としての箱根駅伝

―走る若者たちの物語を読み解く―

薗田碩哉
余暇ツーリズム学会監事

正月の祭事としての箱根駅伝

正月の2日、元旦の酒疲れで寝坊を決め込み、やっと起き上がって茶の間に行くと、もう箱根駅伝が始まっている。若者たちが一団となって寒風の中、東海道をひた走る。毎年見慣れたはずの光景だが、たちまち惹きつけられて炬燵に入って画面に見入る。ミカンや菓子を頬張りながら昼過ぎまでは箱根路に付き合うことになる。

正月2日、3日の朝8時から昼過ぎまで、延々と中継される箱根駅伝は、いまや正月に不可欠の国民的行事となった。かつての正月は少なくても三箇日は街中がひっそりして聖なる気分に満ちていた。産土《うぶすな》の社《やしろ》に詣で、家族や近隣の人びとと新年の挨拶を交わし、屠蘇を祝った後は雙六だの歌留多だの正月専用の遊びに興じ、あるいは通りへ出て追い羽根を突いたり、独楽を回したりする。過ぎた一年を過去として葬り、一新された時間の味わいを、大人も子どもも一つになって、まずは額に汗する労働ではなくて、生きてあることの喜びを体現する遊びにおいて感じ取るというのは、われら日本人が千年の昔から培ってきた文化である。

明治維新以来の急速な近代化・西欧化も、さすがに正月までには浸透せず、日本的「お正月」は20世紀の終わりまでは生き延びていた。しかし、今世紀に入ってさしもの正月もその存在感を失って単なる時間の区切りとなりつつある。正月らしい「聖性」は、それでも元旦には確かに生き残っていて、町は静まり返り、着物姿のお嬢さんがさっそうと歩いていたり、門松の緑が目に沁みたりする。とは言え、コンビニはちゃんと開いておいでだし、2日になればもうデパートもショッピングセンターもご開帳、人々も早速、家を出て消費行動に走ることになる。この方面で働いている方々は、せっかくのお正月に郷里へ帰ることもできず、親兄弟と新年の挨拶を交わすこともできない。何とも忙しい社会になったものだ。

三箇日ぐらいはせめてゆっくり家で過ごそうという人ももちろんたくさんいるわけだが、元旦の祝いが終わり、祝い酒とおせち料理とテレビのろくでもない芸能番組にそろそろうんざりする2日、3日になって、のんびり座ってばかりいるのが落ち着かなくなるところに、画面の中でひたむきな若者たちが黙々と走っている光景が映し出される。これに目が行き、気持ちが引き寄せられるのもむべなるかな。そこには確かに凛とした清新な気分が漲っている。それは汚辱にまみれた俗世とは一線を画して、ひたすら目標に向かって単純に、純粋に身体を動かす人間の姿である。これこそ新しい年の始めを飾りたてる格好の行事に違いない。筆者が子どもの時分には、正月の町内では獅子舞が笛と太鼓で練り歩き、町内の鳶職がそろいの法被姿で繰り出してきて、街のあちらこちらに梯子を立て、粋なお兄さんがスルスル登って行き、てっぺんで逆立ちを披露してくれたものだ。動きのある正月行事が次第に見えなくなり、凧揚げも竹馬も出初式も縁遠くなった今日、正月を寿ぐ身体文化として箱根駅伝は今や欠くことのできない神事の位置を獲得しているのである。

走る人を見続けるということ

これは箱根駅伝に限った話ではなくマラソンや駅伝一般に通じることだが、われわれは走る人を見るのがたいへん好きなのはなぜだろうか。手を大きく振り、足を目いっぱい踏み出し、宙を飛ぶような勢いで1、2、1、2と選手は走り続ける。テレビの画面は、単純な動きの繰り返し、どこまで行ってもさほど変化のない単調な進行で推移する。そして我々はそれを何時までも注視し続けて飽きることがない。

スポーツ観戦のなかでもマラソン系は特異な位置を占めている。野球やサッカーやバレーボールやテニスなどのボールゲーム、柔道やレスリングなどの格闘技、それに体操やフィギュアスケートのような技と美を争う競技、いずれの観戦においても一瞬一瞬が無限の変化を内包し、何が起こるか分からない。どの場面にも力と技のぶつかり合いがあり、駆け引きがあり、ハプニングもあって見る人は目を逸らすことができない。我を忘れ夢中になって競技の一場面一場面に没入する。だからこそスリリングであり、贔屓のチームや選手がうまくやった時の興奮も喜びも大きい。その分ミスした時の失望や落胆も小さくない。ゲームの流れに翻弄され、一喜一憂させられる。要は瞬間型・興奮型の観戦ということになる。

ところがマラソンや長距離走はちょっと違う。もちろん抜きつ抜かれつのような手に汗握る場面や、選手が疲労のため朦朧として倒れ込むというようなハプニングがないわけではない。でもそれはなかなか見られない稀有な光景であって、だいたいのところはひたすら道を往く選手のリズミカルな運動が延々と続き、ときどき画面がアップになって選手の淡々とした、あるいは苦悶にゆがんだ顔と表情が映し出されるのみである。もっと強烈な刺激を求める向きもあろうから、サッカーやラグビーにチャンネルを切り替える視聴者がいて当然である。しかし、それにもかかわらずマラソン系のＴＶ視聴率は決して低くないようだ。箱根駅伝についてみれば、初期のころこそ20％ぐらいだったが、90年代からは毎年25％を下ることはなく、常に30％に迫る数字を出して日本テレビの看板番組なのである（関東地区のデータ）。因みに２０１５年は往路も復路も28％を超えている。

数多の正月のテレビ番組の中で視聴者の3割近くを引き寄せる箱根駅伝の魅力は何だろうか。それはおそらく見る人が表面的な興奮を越えた、より深い共感を知らず知らずに味わっているからなのだと思う。ひたすら走る人をひたすら見続けることで、我々はいつの間にか走る人に同化しているのである。あたかも自分が走っているような気分になる。さらに言えば「走る」という行為がわが身に乗り移って、走り続けることの人間的な意味の世界を心のうちに展開し始めているのだ。走ることは生きることそのものだ。何があっても、つらいことがあっても、もうダメだと追いつめられても、命のエネルギーをかき立て、力を振りしぼって目標に向かって走り続ける、そこには人生のメタファーがある。自分もこの選手たちのように爽やかに走り続け

よう、多くの視聴者は半ば無意識にそんな気持ちをかき立てられ、正月のほろ酔い気分の中で陶然としながら箱根路を往く選手たちの雄姿を見続けるのである。

もう1つ重要な魅力のポイントとして「駅伝」というゲームの特色を上げるべきだろう。駅伝の場合、走るのは常に一人である。誰の助けも許されず、20㎞もの距離をひたすら走り続ける。しかし走者は間違いなくチームの一員であり、後にも先にもタスキで結ばれる仲間がおり、さらには伴走車から自分を見守る監督やコーチ、沿道の観衆、テレビの向こうの何百万もの人々のまなざしに晒されている。その中で自分に託された「仕事」をきっちりと果たすことが求められる。同じチームゲームでもサッカーやラグビーの場合だとチームメイトとの連係プレーが重要で、変転極まりない状況の中で個人が果たすべき役割も一様ではありえない。その点、野球はちょっと違っていてポジションごとの役割が明確で、ファーストがサードに出張したりはしない。日本人はどちらかというと役割固定型のゲームが好きなようで、野球はサッカーよりは固定的だし、駅伝となれば、与えられた区間を走り抜いてタスキを渡す以外に余計な務めはあり得ない。箱根駅伝は「山登り」という独特の任務を含んだ役割の連鎖から成っている。圧倒的な孤独の中でその責任を果たし、それによって全体に貢献する—これこそ駅伝の美学であり、箱根駅伝の視聴者はその美学に酔いしれて、固唾をのんで一部始終を見守るという次第なのである。

ツーリズムとしての駅伝

最近のテレビでは旅をテーマにする番組が目立つ。その中に外国のどこかの街へ出かけて行って、人間の目の高さでカメラを移動させ、街の風景や通りがかりの人びととのやりとりを収録して紹介するというのがある。この手法だと、視聴者はあたかもその場所を自分が移動しているかのような気分にさせられる。箱根駅伝の中継を見ていると、ちょうどこれと同じように東海道を選手とともに移動する気分になる。関東の平らな大地を西に遮る箱根の山々は、関東人にとっては最初の異界がそこに始まる、忘れがたい場所である。この番組の魅力の一要素は、正月早々、箱根のお山を訪ねるツーリズム気分が味わえる所にあるといえそうだ。

東京とその周辺で育った人から見ると、箱根は一番身近な観光地である。まずは小学校の遠足で訪れている。学生時代には友だちと大涌谷にハイキングに出かけたり、仙石原でキャンプをしたりする。就職すれば毎年恒例の職場旅行、行く先は熱海でなければ箱根が定番。そして家族を持てば子ども連れで芦ノ湖の海賊船に乗りに行く…というわけで、誰もが箱根のそこかしこにお馴染みの風景を記憶している。駅伝第５区の山登りは、特に見慣れた場所が次々と現れて、スポーツを越えた観光番組として見ている人も多いはずである。山には魔物が住んでいるという話は今も昔も変わらない。どんなハプニングが待ち構えているか、箱根の風景がそれとどう絡むのか、人々はそこにスポーツ競技とセットになった旅のドラマを期待している。

５区のポイントを見ておこう。小田原の街なかの初日最後の中継所を過ぎてしばらく行くと、道の左が早川の流れになり、その先に小田急箱根湯本の蒲鉾を並べたような駅舎が見えてくる。駅前の賑やかな商店街辺りからいよいよ道は急な登りに入って行く。早川を渡り、窓付きのトンネルである函嶺洞門をくぐると、切り立った斜面をうっそうとした森が覆い、選手は曲がりくねった谷あいの道を力強く登って行く。大平台で道は大きく左に曲がるヘアピンカーブが現れる。ここは絶好の撮影ポイントで、通過する選手の様子が上りでも下りでも必ず映し出される。その先、富士屋ホテルのある宮ノ下の町を経て、上りはさらにきつくなり登山鉄道の踏切を通過する。この時ばかりは選手が優先で、たまたま通りかかった電車の方がいったん停車することはよく知られている。その上の小涌園では各大学の幟《のぼり》が林立し、宿泊客が鈴なりになって声援を送る。さらに登ってピークに達し、いったん下ってまた登ったてっぺんが海抜８７４ｍのコース最高地点である。ここからは一路眼下に広がる芦ノ湖に向かって駆け下る。船着き場に遊覧船がもやっている元箱根に下りて箱根神社の大鳥居をくぐり、湖畔の杉並木をひた走ればゴールは

目の前だ。

毎年、箱根駅伝を見慣れた人なら、前述のポイントは先刻ご承知で、その場の風景が脳裏に浮かぶはずである。天下の嶮の5区(6区でもある)は標高差といい屈曲といい、まことに変化にとんだ難コースで、数々のドラマを生む舞台となった。中でも85大会(2009年)で、9位で受け取ったタスキをかけて山に挑み、先行ランナーをごぼう抜きにして見事優勝した東洋大の柏原竜二の大活躍は記憶に新しい。テレビの前の人びとを興奮のるつぼに叩き込んだ山登りヒーローの活躍も、箱根山という大舞台があってこそ引き立ったのである。

東京から小田原までの1~4区のコースの各所にもそれなりの箱根駅伝名所がある。1区ではスタートしてすぐの芝増上寺、品川の先で山手線の上を渡る八つ山橋、多摩川の手前の蒲田踏切(昔は運悪くしばしばここで足止めを食う選手もいたが、今では高架になった)、2区の横浜駅前、そして最初の起伏である権太坂から戸塚に至るあたり。1区はまだ様子見だが、2区になると体調を崩して棄権したり調子よく8人抜きを成し遂げたり、順位を上げたり下げたりのドラマがよく起こる。3区では、藤沢の遊行寺の坂から海べりを行く湘南道路。相模川を渡って4区となると、東海道の松並木が続き、酒匂川を渡って小田原の町となる。

観ている人の中には、その風景を自分の目と足で確かめてみたいと思う人がいてもおかしくはない。そういう人のためにはすてきなガイドブックがある。コラムニストの泉麻人氏の書いた『箱根駅伝を歩く』(平凡社、2012年)である。古くからの箱根駅伝のヘビーなファンである泉氏は、毎年正月2日、3日のテレビ観戦を欠かさず続けているうちに、沿道の見慣れた風景に会いに行きたくてたまらなくなり、ついに駅伝の全コースを走るのではなく踏破するというプロジェクトに挑戦することになった。実行したのは2012年の春から秋にかけて、1区間をほぼ2回に分け、各回だいたい10㎞ほど歩き、コースとその周辺をつぶさに見て、その記録と感想をまとめた。箱根駅伝の歴史やエピソードも書き込まれていて駅伝ガイドにもなっているが、それを越えて箱根駅伝を踏まえた独自の観光案内であり地誌でもある。こうした著作が現れるくらい、箱根駅伝はもはや単なるイベントではなく、確固たる文化として定着しているのである。

大学ブランドの見本市

箱根駅伝が多くの視聴者に愛されている理由として、それが数多ある大学同士の学外闘技場として、大学ブランドの競争的見本市になっていることを見逃すことはできない。誰しも贔屓の大学の1つや2つは持っているはずである。自分の出身大学なら当然だが（もっとも中には母校を拒否している人もあるかもしれない）、親兄弟や子どもがその大学を出ていたり、知り合いがいたり、あるいはまったく縁はなくても何となくその大学のファンであるという人もあろう。古い大学は世間に流布されたあるイメージ…バンカラの早稲田、お坊ちゃんの慶応、法律の中央、経済の明治、英国国教会の立教、カトリックの上智…を持っていて、それが好き嫌いの判断基準にもなっている。

日本のスポーツは明治初期以来、欧米諸国から輸入され、学校というチャンネルを通して普及した。いくつもの大学が集まりそれぞれの存在を主張してスポーツの覇を競い合う競技会はまずは野球から始まっている。第2次大戦以前は野球と言えば六大学野球が人気の頂点で、プロ野球（職業野球）もあったとは言え見世物興行の一種として一段低く見られていた。戦後もしばらくは早慶戦と巨人―阪神戦が人気を分け合っていたのである。箱根駅伝の場合もスタートした大正年間は早稲田、慶応はもとより、明治、法政、中央、日大など主だった大学が出場して駅伝六大学の観があった。駅伝早慶戦も見られたわけである。とは言うものの野球のように大観衆が集まって観戦することが出来ない駅伝は、大学同士の内輪の対抗試合の域を出なかった。

大学対抗レースとして一般の人気を集めるようになるのは戦後、1953年にラジオの中継放送が始まってからである。ラジオと新聞報道によって箱根駅伝は関東地区を越えてしだいに知られるようになり、正月の風物詩として定着していく。それが今日のように正月の〝国民的祭事〟として圧倒的な地位を得るのは何といってもテレビの力である。テレビ中継は1979年の東京12チャンネル（現・テレビ東京）で始まるのだが、これはまだ録画がメインでナマ中継はごく一部だった。当時は日体大と順天堂大が覇を競っていた頃で、早大には瀬古選手が登場し、その後マラソンで大活躍して箱根駅伝スターのはしりとなった。日本テレビによる全コースの中継は1987年の63回大会から始まり、レースの曲折が細大漏らさず放映されるようになった。○人抜きの快走や途中棄権の大ブレーキが巧まざるドラマを演出し、箱根駅伝を見る人はテレビの前ばかりでなく沿道でも急激に増えていく。

生中継が始まったころは順天堂大が4連覇を成し遂げ

た最盛期だったが、1990年の第66回では「大東文化大」が優勝を飾って注目を集めた。率直な所、当時この大学の知名度はまだ低く、いったいこの名前をどう読んだらいいのか迷う人も少なくなかった。調べてみると大東大は1968年に初参加して以来、ラジオ時代の75〜76年には連続優勝も成し遂げている強豪であり、テレビになってからもほとんど常に上位をキープして来ていたのに、戦前以来の大学に比べて印象が薄かったのである。14年ぶりの優勝、そして次の年の連続優勝は大東大を押しも押されもせぬ箱根の名門校として定着させ、今では大学の内容はともかく、その名前を聞いたこともないという人はいないだろう。箱根で勝つことは大学を天下に知らしめる最良の方法となった。

その登場がより劇的だったのは「山梨学院大」であろう。大東大に続いて92年（68回）大会で初優勝を成し遂げたが、それは創部以来わずか6年目、しかも優勝の原動力となったのは2人の留学生ランナー、オツオリとイセナであった。2区の権太坂を駆け上がり、次々と日本人ランナーを抜き去って行く黒い走者オツオリ、そしてそのタスキを受け継いで3区を区間1位で駆け抜けたイセナの活躍で山梨学院大は優勝旗を手にした。甲府市のはずれにあるこじんまりしたキャンパス、そのローカルな大学がグローバルな発想で選手をそろえて栄冠を勝ち取った偉業は、「ローカルなものこそグローバルだ」という名言を（少し意味は違うが）思い起こさせてくれる。この後は外国人選手の登場も珍しいことではなくなった。それは日本社会の国際化が進んでいることの証でもあり、なりふり構わぬ大学の生き残り作戦の表れとも見ることが出来よう。

箱根駅伝を大学見本市と考えると残念なことが一つある。主だった大学はだいたいのところ出場しているのだが、それが今では私立校ばかりとなってしまったことである。推薦入学の制度を使って高校から有能な選手をドシドシ獲得できる私立校は、そうした制度を持たなかった国公立の大学よりも有利になるのは当然であろう。そもそも箱根駅伝の創設メンバーには東京高等師範学校というれっきとした国立校があって私学と伍してきたのであり、その流れをくむ東京文理大、東京教育大、そして筑波大は通算で62回も出場した名門校であった。しかし、1994年の70回大会の最下位（20位）を最後にとうとう姿を消してしまった。その他にも横浜国立大、東京学芸大、横浜市立大などは何度も箱根路を走った実績がある。しかし、70回以降は絶えて国公立校の姿を見ることはない。わずかに79回大会(２００３年)から、予選落ちした大学の選手を集めた「関東学連選抜チーム」が加わったので、筑波大の選手が出場したりしているが、チームでの再登場はいつの日になることか。

ついでに書いておくと、かの東京大学も1回だけだが箱根を走ったことがある。60回の記念大会（１９８４年）で参加校の枠が20校に増えた折りに、予選会での出場枠11校を7位で通過して晴れて出場権を得たのである。本大会の結果は17位に終わりシード権は得られなかったが、野球と違ってビリではない。その21年後の81回（２００５年）には学連選抜に1人、東大の選手が走っている。最高学府もなかなか捨てたものではない。

おわりに―箱根駅伝の夢

郊外の町で暮らす若者の日常を生き生きと描いた小説『まほろ駅前多田便利軒』で直木賞を取った三浦しおんさんは『風が強く吹いている』というまことに愉快な作品を書いている。おんぼろアパートに暮らす若者たちが箱根駅伝出場という途方もない夢を抱いたリーダーに率いられて、たった10人しかいないチームを作り、すったもんだの挙句、厳しい練習を乗り越えて予選会に出場、みごと箱根行きの切符を手に入れるという話である。「寛政大学」という名前のこのチームはほとんどのメンバーが大して走ったこともない素人集団なのだが、ちゃんと黒人選手のムサも擁していて、多彩な個性が合わさったいいチームに育って行く。小説の後半は駅伝本番のスタートからゴールまでを、選手の走りや周りの動きを含めて実に丁寧に描いていて、作者の周到な取材が下敷きになっていることがよく分かる。寛政大学がどんな結果を出したかは、この本を読んでいただくことにしよう。

初めてのチームがいきなり予選を突破するなんて言うのは、いかにも非現実的な「お話」に見えるかもしれない。しかし、箱根駅伝にはそうした夢想を刺激する大きなロマンが埋め込まれているのである。どの大学の陸上部も箱根出場を目標に掲げて練習に励んでいることだろうが、そうした可能性が全くない普通の市民たちも、若かったころの自分に還り、仲間と語らって箱根を目指す夢を語りあうことは許されるだろう。年の始めの初夢に、あり得ないこと、それでもあるかもしれない世界への想像を広げるのは悪くない。箱根駅伝の祝祭性がそれを可能にしてくれる。

特集　箱根駅伝の正体を探る

箱根駅伝が変えた正月スポーツと大学プロモーション
―箱根駅伝新勢力図と強化実態を探る―

上柿和生
㈱スポーツデザイン研究所代表取締役

お正月の風物詩となった箱根駅伝

1920年（大正3年）にスタートして、2016年の正月には92回目を迎えた「箱根駅伝」が正月スポーツの代名詞になって四半世紀を過ぎた。80年代後半まで、東京のお正月のスポーツ風物詩と言えば、いまでは跡形もなく消えてしまった千駄ヶ谷の国立競技場で開かれる元旦のサッカー天皇杯決勝と、2日に開催される大学ラグビー選手権を観戦した後に、明治神宮への初詣に向かうフットボールファンに連れ添う、若い女性の晴れ着姿と決まっていた。

その頃までの箱根駅伝報道と言えば、スタートからゴールまでの2日間を実況中継するNHKラジオ・第一放送（昭和28年（1953年開始）と、3日朝刊に往路の結果を一面トップで報じる読売新聞・報知新聞と、優勝校のゴールシーンを載せる4日の各紙スポーツ面ぐらいで、出場校の関係者や根強い陸上競技ファン以外、関東の大学だけが走る箱根駅伝にそれほど多くの人々の関心が集っている訳ではなかった。

しかし、東京・箱根間10区間のうち往復路8区間（172・4㎞（現在）／トップ集団通過所要時間・約8時間30分）がある、神奈川県の各市・区・町の沿道に住む人々や箱根温泉郷で新年を迎える人にとって、箱根を目指して走るランナー達の姿はお正月そのものであり、新年の風物詩、歳時記であったと想像する。それを示すものとして、手元にある角川俳句大歳時記の付録・行事一覧の1月2日～3日の項を見ると、東京～箱根間往復大学駅伝競走（東京～神奈川）がある。つまり、横浜や湘南、小田原や箱根の町の人々にとって、新春を迎えるスポーツは駅伝であり、今も昔も沿道の正月行事であることに違いはないであろう。その相模の国のローカルな大会であった箱根駅伝が、一躍、日本中の茶の間を沸かせる正月スポーツとして注目を浴びるようになったのは、他ならぬ、テレビという巨大メディアの手によることは周知のことである。

箱根駅伝のテレビ中継は、第55回大会の79年1月3日、現在のテレビ東京（81年まで東京12チャンネル）が、復路のゴールである東京読売新聞本社前から、大手町付近にしぼって、電波の届く首都圏エリアに向けた正月特番として放送したのが始まりである。これは、天下の嶮と歌われた箱根八里の山中を往くランナーの映像をどう撮りどう送るか、その中継体制を組む上での電波状態の不安定さが難題となって立ち塞がっていたからである。その窮余の一策がゴールの中継以外は録画のダイジェストで構成することとなったのだが、その挑戦は観る者に駅伝中継の面白さを十分に伝えるものとなった。このスタイルは81年から83年まで1時間枠程度で続けられたが、視聴率は79年の5・4％を皮切りに年毎に延びて、83年の3日には10・3％と10％の大台を超えるまでになった。また、2時間枠に拡大した翌84年には13・5％に達し、箱根駅伝は86年までテレビ東京の正月人気番組となった。

テレビ放送が高めた箱根駅伝の媒体力

87年の第63大会からは、テレビ東京に代って日本テレビが初めて全国ネットの生中継（実質放送時間7・8時間）に挑んだ。その結果、視聴率は一気に上昇し87年の2日間の平均視聴率は18・2％を記録した。往復路の完全中継となった89年（第65回大会）になると、CMを除く実質放送時間は9・7時間（584分）に延びて、平均視聴率も20％を越えるまでになった。そして、2003年（第79回大会）での駒澤大学復路の逆転連覇の視聴率は、箱根駅伝歴代1位の31・5％を記録、以降、青山学院大学二連覇の2016年第92回大会（往路28・0％、復路27・8％）までコンスタントに26％以上の高視聴率をマークして、正月スポーツの王座を不動のものにした。

本題に入ろう。箱根駅伝を日本テレビが全国ネットで完全中継を始めて27年、これだけの視聴率をもったコンテンツが正月三箇日の2日間、朝7時50分から午後2時前まで計11時間に亘り全国に向けて放送されることで、出場大学と番組、大会スポンサーの認知度・知名度・好感度は当初の予想をはるかに上回るものとなった。

それはスポンサー名が入ったナンバーカードに始まり、大会スタッフにウエアを提供するスポーツ用品メーカーのロゴは、スタート・ゴール、沿道、中継所付近での観客整理や選手誘導などの場面で、否応なくテレビ画面に映し出されてくる。もちろん、出場校が着るランニングシャツの胸に付くスポーツブランドのロゴマークもしっかりと映り込む。車種やメーカーロゴの分かりにくい、大会車両提供スポンサー名は、レースの合間に流れるCMとスタジオアナウンサーが親切に車種の名前を加えながら機能説明までしてくれる。

出場校においてはレース中に何度も校名を連呼され、出場回数や戦歴の紹介に加えて、大学の歴史や学園生活まで映像で詳しく案内してくれる。これだけではない、合宿のトレーニングの様子や有望選手のインタビューを交えたプロフィール紹介映像となると、大学受験誌も顔負けの大学プロモーションビデオとなり、格好の大学広報番組の役目を果たす。出場校もスタート・ゴール地点付近は当然ながら、定置カメラがある記録通過点や勝負所になる難所の沿道の左右には、幟旗や横断幕を画面から溢れ出るほど立て並べ拡げる。出場大学にとって、これほどのインパクトのある広報宣伝力のあるコンテンツは、世界広しといえども見当たらないだろう。

新興大学が箱根駅伝に傾注する理由《わけ》

バブル経済期に、全国の地方都市で競うかのように誕生した新設大学や新学部・学科開設と定員枠を広げた新興私大などは、21世紀に入り一気に押し寄せてきた少子化時代の波に翻弄され続け、生き残りを掛けた受験生確保、入学者獲得の学生募集プロモーションは熾烈を極めた。その策として、知名度アップに最も効果が高いとされる、スポーツによる大学プロモーションが選ばれたのは自明であった。それは、サッカー、ラグビー、野球、水泳、体操、フィギュアスケート等々、五輪やワールドカップなどで注目を浴びメディア露出と話題性が高い種目で、大学日本一を目指すことであった。しかし、それらの競技種目の強化をはかるには指導体制や施設の整備などに長い時間と資金を必要とし、一朝一夕に全国レベルのステージに登らせることは至難である。

だが、ロードレースは施設・用具などへ投下するコストが球技や体操・水泳・スケートなどと比べ格段に低く、一定の競技力を備えた選手をスカウトし、その育成に関わる高い指導力を持った指揮官を配すれば、箱根駅伝の本ステージに上がる目算を立てることはさほど難しいことではないと言われている。つまり、強化スケジュールの計画を用意した上で、それに必要な学生（選手）と監督を確保する人件費が用意できれば、前述した競技種目よりは短期間で費用対効果十分の結果を出せる可能性があると言うのだ。

マラソンの例を引くまでもなく、旧くから新聞社はマラソン大会やロードレースを拡販ツールとして主催してきた歴史があり、今ではその系列テレビ局も主催者側の一員として、発信力と露出度を武器に莫大な広告収入を得てきている。そのために箱根駅伝に出場する個人や所属チームをクローズアップしながら、あらゆる技術を酷使してよりドラマチックに感動的に駅伝劇場を全国のお茶の間に届け、視聴率を上げることに血眼になっても不思議ではない。

このメディアの意図は同時に、新興大学や首都圏から遠い関東の大学や六大学に知名度で遅れをとる大学の関係者にとって願ってもない大学プロモーションとなり、その多くの大学が桧舞台へ上がるために、数あるスポーツ競技の中でも最高位の重点種目として位置付け、強化に取り組むようになった。

その代表的な大学が、全国ネットでテレビ中継が始まった87年に登場した山梨学院大学である。以来、驚異的な力を持つケニアからの留学生2名を擁して順位を上げ、本戦初登場から6回目で初優勝を飾る。これによって山梨学院大学の知名度は一気に上り、それに合わせ受験生も増え続けて偏差値も上昇、全国的には国立の山梨大学よりも知られるほどになった。その結果、付属小・中学校は進学校としても吸引力を獲得し、そのブランド力は高まるばかりである。そして、この駅伝効果は他のスポーツ種目にも波及し、レスリング、水泳、女子ホッケーなどにおいてオリンピックの日本代表選手を送り出すまでになった。

箱根駅伝の広告効果

箱根駅伝は、東京⇔箱根間を往復する本戦に出場するだけでも、十二分の大学広報宣伝力を持つが、優勝をするとなるとその波及力はどれほどのものになるのか。これを広告費に換算し、さらに広告効果を金額にして算出した研究が発表されている。この調査研究は２００７年（第83回）に6年ぶり11回目の総合優勝を飾った、順天堂大学に関する新聞とテレビによる報道量を計測して、広報効果を数量化したものである。調査は順天堂大学スポーツ健康科学部スポーツマネジメント学科の山田満教授とマーケティングコミュニケーション学ゼミ生8名（計測・集計）によるもので、内容には興味深い計測・集計が並ぶ。その研究調査の対象項目をみると、順天堂大学名がテレビ中継、ニュース、スポーツ報道番組で露出された量、校名アナウンス回数、新聞報道記事として全国紙、地方紙、スポーツ紙で報じられた量とスペースなどが２日間に亘って

スポット料金（CM：15秒）	全国推定 × 2.715	放送秒数（時：分：秒）	放送秒数（秒）	広告料金	15秒CM換算		放送内容
					本数	GRP	
750,000	2,036,250	0：02：00	120	16,290,000	8.0	64.0	順大往路優勝
1,050,000	2,850,750	0：01：00	60	11,403,000	4.0	36.0	順大往路優勝
1,050,000	2,850,750	0：00：56	56	10,642,800	3.7	29.5	順大往路優勝
1,050,000	2,850,750	12：01：15AM	75	14,253,750	5.0	57.5	順大往路優勝
750,000	2,036,250	0：01：00	60	8,145,000	4.0	21.2	順大往路優勝
740,000	2,009,100	12：01：31AM	91	12,188,540	6.1	39.4	順大往路優勝
300,000	814,500	0：05：18	318	17,267,400	21.2	103.9	順大往路優勝
270,000	733,050	0：00：35	35	1,710,450	2.3	6.8	順大往路優勝
300,000	814,500	0：00：57	57	3,095,100	3.8	17.9	復路スタート前中継
310,000	841,650	0：01：01	61	3,422,710	4.1	25.2	順大往路優勝
740,000	2,009,100	0：00：33	33	4,420,020	2.2	20.5	順大総合優勝
1,050,000	2,850,750	0：01：29	89	16,914,450	5.9	48.1	順大総合優勝
1,050,000	2,850,750	0：01：03	63	11,973,150	4.2	49.6	順大総合優勝
740,000	2,009,100	0：00：56	56	7,500,640	3.7	27.3	順大総合優勝
740,000	2,009,100	12：01：25AM	85	11,384,900	5.7	24.4	順大総合優勝
300,000	814,500	0：05：11	311	16,887,300	20.7	66.3	順大総合優勝
300,000	814,500	0：00：37	37	2,009,100	2.5	2.7	順大総合優勝
300,000	814,500	0：04：52	292	15,855,600	19.5	21.4	順大総合優勝
300,000	814,500	0：01：36	96	5,212,800	6.4	7.0	順大総合優勝
300,000	814,500	0：01：37	97	5,267,100	6.5	51.7	順大総合優勝
300,000	814,500	0：02：10	130	7,059,000	8.7	69.3	スポーツ紙紹介
300,000	814,500	0：03：33	213	11,565,900	14.2	113.6	順大総合優勝
300,000	814,500	0：30：55	1,855	100,726,500	123.7	989.3	順大選手・監督生出演
420,000	1,140,300	0：35：07	2,107	160,174,140	140.5	983.3	順大選手・監督生出演
760,000	2,063,400	0：00：52	52	7,153,120	3.5	35.7	順大総合優勝
		1：42：18	6,449	482,522,470	429.9	2,911.5	

山田満「2007年箱根駅伝総合優勝の広報効果の研究」、『順天堂大学スポーツ健康科学研究』第11号（2007）より引用。

計測・集計されている。この調査はそれらを合わせて広告料金に換算して算出しているところが刮目に価する。その額は19億4896万円と推定され、なんと広告効果はその3倍の58億4688万円に達したと調査は報告する。（表1、2、3、4参照）

ここで面白いのは、その2年前の第81回大会において、箱根駅伝の最大の難所で最も見所の多い山登りの5区で、先行する11人を驚異的な走りでごぼう抜きを演じて初代「山の神」の称号を受けた今井選手が、またも3年間連続で区間賞を獲る偉業を達成したとき、区間距離23・4㎞の1時間18分の間、なんと74回も校名・順天堂大学がアナウンスされたことである。これは1分5秒に1回の数字となるが、因みにYouTubeで調べてみると、確かに今井正人選手の名前とともに校名が連呼されている。とはいえ、校名ア

表1　ニュース・スポーツ番組での順大の報道量と換算広告料金

月日	時刻（番組開始）	番組名	局名	チャンネル	ネット	世帯視聴率	番組時間	タイムランク
1月2日（火）	17：50	NNN ニュース	TBS	6	全国ネット	8.0	10分	特B
	18：00	Jチャン	テレビ朝日	10	全国ネット	9.0	30分	A
	18：30	イブニングニュース	TBS	6	全国ネット	7.9	30分	A
	19：00	NHK ニュース	NHK	1	全国ネット	11.5	30分	A
	23：00	JNN ニュース	TBS	6	全国ネット	5.3	14分	特B
	23：30	スポルトプラス	フジ	8	全国ネット	6.5	25分	C
1月3日（水）	0：30	スポーツニュース	日テレ	4	全国ネット	4.9	24分	C
	0：55	TXN ニュース	TV 東京	12	全国ネット	2.9	5分	C
	6：50	NNN ニュース	日テレ	4	全国ネット	4.7	9分	C
	7：00	NHK ニュース	NHK	1	全国ネット	6.2	20分	C
	16：15	FNN ニュース	フジ	8	全国ネット	9.3	15分	特B
	18：20	NNN ニュース	日テレ	4	全国ネット	8.1	10分	A
	19：00	NHK ニュース	NHK	1	全国ネット	11.8	30分	A
	23：00	JNN ニュース	TBS	6	全国ネット	7.3	15分	特B
	23：30	スポルトプラス	フジ	8	全国ネット	4.3	25分	特B
1月4日（木）	0：30	ニュース＆スポーツ	日テレ	4	全国ネット	3.2	25分	C
	4：00	おはよん	日テレ	4	全国ネット	1.1	1時間20分	C
	4：00	おはよん	日テレ	4	全国ネット	1.1	1時間20分	C
	4：00	おはよん	日テレ	4	全国ネット	1.1	1時間20分	C
	5：20	ズームイン SUPER	日テレ	4	全国ネット	8.0	2時間36分	C
	5：20	ズームイン SUPER	日テレ	4	全国ネット	8.0	2時間36分	C
	5：20	ズームイン SUPER	日テレ	4	全国ネット	8.0	2時間36分	C
	5：20	ズームイン SUPER	日テレ	4	全国ネット	8.0	2時間36分	C
	8：00	スッキリ	日テレ	4	全国ネット	7.0	1時間55分	B
	17：50	ニュースリアルタイム	日テレ	4	全国ネット	10.3	1時間9分	特B
							小　計	

上記以外の下記駅伝関連報道についてはカウント除外
1月7日（日）0：00～　日テレ「うるぐす」：駅伝の舞台裏
1月7日（日）8：00～　日テレ「ザ・サンデー」：カメラ11台が独占密着感動の箱根駅伝ぜんぶ見せます＆“山の神”生出演
1月7日（日）13：25～　日テレ「もうひとつの箱根駅伝」：順大V前主将との誓い▽山男今井▽エースの爆走＆失速
注：ニュースは全国にネット配信されるため関東エリアのスポット料金をベースに世帯数から全国料金を推定した

表2　テレビ、新聞における広報効果の※集計

		放映秒数(秒)	15秒CM換算本数	G.R.P.(%)	広告料金換算（円）	広報効果（円）
テレビ	駅伝中継放送	8,864	591	15,443.4	1,138,630,000	3,415,890,000
	ニュース・スポーツ番組	6,449	430	2,911.5	482,520,000	1,447,560,000
	小　計	15,313	1,021	18,354.9	1,621,150,000	4,863,450,000
新聞		カラースペース（P）	モノクロスペース（P）		広告料金換算（円）	広報効果（円）
	新　聞	10.3	4.4		327,810,000	983,430,000
合　計					1,948,960,000	5,846,880,000

※広報においては広報効果を計測する場合、広告に比べて記事や番組で取り上げられた方が信頼性の観点から広告の3倍の広報効果がある、すなわち3PC（Third Party Contributions）という考え方があり広告料金換算に3を乗じて広報効果を算出した。

山田満「2007年箱根駅伝総合優勝の広報効果の研究」、『順天堂大学スポーツ健康科学研究』第11号（2007）より引用。

表3　駅伝中継中の順大の露出量と換算広告料金

区別	放送時間 時間：分	区間名	走者	区間平均視聴率	校名表示回数	校名アナウンス回数	順大独占映像換算秒数	15秒CM換算本数	提供料金換算 @128,452円／秒	15秒CM換算GRP
1月2日 往路	1:00	スタート前		10.6	16	18	345	23.0	44,315,940	243.8
	1:06	1	中村泰之	24.6	2	21	123	8.2	15,799,596	202.0
	1:10	2	小野裕幸	31.1	23	9	51	3.4	6,518,939	105.2
	1:04	3	松岡佑紀	28.1	10	11	48	3.2	6,165,696	89.9
	0:55	4	佐藤秀和	26.5	26	47	390	26.0	50,096,280	689.9
	1:18	5	今井正人	28.7	63	74	1,651	110.1	212,106,365	3,153.9
	0:35	ゴール後		22.0	21	20	345	23.0	44,283,827	506.6
往路小計	7:08			25.0	161	200	2,953	196.9	379,286,643	4,991.3
1月3日 復路	1:00	スタート前		13.0	36	40	728	48.5	93,513,056	628.9
	1:00	6	清野純一	28.6	26	63	974	64.9	125,112,248	1,854.6
	1:06	7	井野　洋	29.4	39	30	621	41.4	79,800,805	1,219.2
	1:07	8	板倉具視	28.5	39	35	895	59.7	114,932,427	1,697.3
	1:10	9	長門俊介	29.6	21	33	673	44.9	86,480,309	1,328.2
	1:09	10	松瀬元太	30.2	24	39	1,028	68.5	131,984,430	2,069.2
	0:45	ゴール後		25.0	35	23	993	66.2	127,520,723	1,654.6
復路合計	7:17			26.6	220	263	5,912	394.1	759,343,998	10,452.0
合計	14:25			25.9	381	463	8,864	591.0	1,123,630,641	15,443.4

註：提供料金計算式

14時間25分×15%＝129.75分＝7,785秒　　10億円÷7,785秒＝128,452円/秒

128,452円×15秒＝1,926,782円　　128,452円×8864.25＝1,138,630,641円

山田満「2007年箱根駅伝総合優勝の広報効果の研究」、『順天堂大学スポーツ健康科学研究』第11号（2007）より引用。

表４　新聞報道量と換算広告料金

	新聞名		掲載スペース（カラー）		料　金（円）	掲載スペース（モノクロ）		料　金（円）	一日合計	合　計（円）
			cm・段	段		cm・段	段			
全国紙	朝日新聞	1月3日				123	3.25	11,097,600	11,097,600	
		1月4日				196.3	5.1	17,686,800	17,686,800	28,784,400
	毎日新聞	1月3日				81.5	2.1	4,029,900	4,029,900	
		1月4日				173.5	4.5	8,635,500	8,635,500	12,665,400
	読売新聞	1月3日	169.0	4.4	19,305,600				19,305,600	
		1月4日	313.5	8.1	32,294,400	40	1	3,324,000	35,618,400	54,924,000
	日経新聞	1月3日				112	2.9	3,712,000	3,712,000	
		1月4日				128.75	3.3	4,224,000	4,224,000	7,936,000
	産経新聞	1月3日				138	3.6	3,456,000	3,456,000	
		1月4日				219.75	5.7	5,472,000	5,472,000	8,928,000
地方紙	東京新聞	1月3日				140.5	3.6	1,699,200	1,699,200	
		1月4日	216.0	5.6	2,643,200	40	1	472,000	3,115,200	4,814,400
	千葉日報	1月3日	85.0	2.2	624,600	39.5	1	143,000	767,600	
		1月4日	57.0	1.5	554,500	100	2.6	371,800	926,300	1,693,900
	静岡新聞	1月3日				88	2.3	414,000	414,000	
		1月4日	50.0	1.3	390,000	108	2.8	504,000	894,000	1,308,000
スポーツ紙	日刊スポーツ	1月3日	462.0	12	8,128,000	36.75	0.9	433,350	8,561,350	
		1月4日	462.0	12	8,128,000	103.5	2.7	1,300,050	9,428,050	147,989,400
	サンケイスポーツ	1月3日	462.0	12	5,068,000	60.75	1.6	582,400	5,650,400	
		1月4日	649.0	17	6,888,000				6,888,000	12,538,400
	スポニチ	1月3日	489.0	12.7	8,618,220				8,618,220	
		1月4日	462.0	12	8,143,200	5.5	0.1	52,200	8,195,400	16,813,620
	報知	1月3日	462.0	12	7,168,000				7,168,000	
		1月4日	885.5	23	11,722,000				11,722,000	18,890,000
	デイリースポーツ	1月3日				305	7.9	2,346,300	2,346,300	
		1月4日	344.0	8.9	3,793,300				3,793,300	6,139,600
	東京中日スポーツ	1月3日	385.0	10	2,650,000				2,650,000	
		1月4日				305.5	7.9	1,738,000	1,738,000	4,388,000
			51,953.0	154.7		2546.0	66.1		総　計	327,813,120

註：１段＝38.5㎝・段　1P＝15段

山田満「2007年箱根駅伝総合優勝の広報効果の研究」、『順天堂大学スポーツ健康科学研究』第11号（2007）より引用。

ナウンス回数と言うより今井正人選手の個人名の方が前に出ていると言う方が正しいかもしれない。

その意味では、ドラマチックな抜きつ抜かれつのレース展開となればなるほど、選手と校名アナウンス回数が増え、優勝はしなくとも大学広報・PRには十分に貢献できることが証明されている。

今井正人選手から2代目山の神を襲名して、見事、東洋大学に初優勝をもたらした柏原竜二選手の宣伝効果も数字として表れている。

なんと、初優勝した翌年の受験生が前年比1万人増の6万9000人となり、その経済効果は4億円と報じられている。記憶に新しい昨年の2015年第91回大会で初優勝した青山学院大学5区走者の神野大地選手と大学

名は、調査の数字こそ出ていないが、確実にそれを越えるものがあったと想像できる。

いずれにしても、正月の2日間の往復11時間に亘るテレビ放送の効果は、出場校20チーム全てに眩いばかりのスポットライトを当てる。2日のスタート1時間前の午前7時からは、往路の各区間のレース展開の予想をしながら出場校とその有力選手と監督の決意などが紹介される。これは、大学プロモーションとして十分過ぎるほどに効果がある。レースが始まれば、往復6箇所の中継所での襷《たすき》リレー時は、渡す時も渡された後も校名と選手名は呼ばれ、復路終盤での翌年シード権を競う熾烈な10位圏内順位争いでは、先頭チームに劣らず大学名の呼声は連呼される。それは東海道・箱根路を走る20校だけが受けることの出来る特権である。相撲で言えば土俵への呼び出しにあたり、薗田氏の言うように、祝祭に招かれし特別な存在として聖化されるのである。

この選ばれし者になるためには、毎年10月第3土曜日に国営立川昭和記念公園（第80回大会を除き、2000年第77回大会より）を中心に開催される、予選会（第1回予選会1947年第23回大会から開かれる／開催日1946年12月1日）を勝ち抜かなければならない。そこには、今年の本戦でシード権を落とした出場10大学と、関東学生陸上競技連盟に所属する関東8県136校から女子大と大学院を除く、残り92校の内の約半分（第92回大会予選会出場49大学）が本戦出場を賭けて集ってくる。記念大会の特別枠は別にして、毎回の予選会では上位10校までに入らなければ晴れの本戦の土俵には上がれない、最も厳しい戦いの場所である。筆者はここ数年、母校の予選会応援のために4度ばかり立川の地を訪れているが、年々増えるその応援見物客の数と熱気に驚きを隠せないでいる。予選会のスタートは９時35分と本番のスタート時間より１時間半も遅いが、７時過ぎると参加校の幟《のぼり》が並び立つ立川駅構内から、会場に向かう各校の応援者と箱根駅伝ファンと思しき観客の列は公園まで続く。その数は入場料が必要なスタートと周回コースとなる陸上自衛隊立川駐屯地滑走路周辺と、ゴールとなる立川昭和記念公園内に１万人以上が集まっていると思われる。推測だが立川市内の距離７㎞余の沿道観客数を２万人とすると、合わせて３万人の応援者・観客が参加49校の選手５７７人に声援を送っていることになる。そして、９時25分から２時間、テレビ中継された今回（２０１５年10月17日）の視聴率（関東地区）は11・６％と発表されている。

この予選会のテレビ中継が録画からＬＩＶＥになったのは２０１４年からであるが、この仕掛けによって箱根駅伝のメディアバリューはさらに上り、結果発表の会場での勝者の涙と敗者の涙を追うテレビカメラは、本番の予告編たるべく演出された画像を撮っていたと観た人は言う。

確かに予選会は既に本戦の予告編であるため、予選通過が確実な出場校の関係者には大学上層部とおぼしき顔ぶれが見える。大学の幟旗も、国道１号線にも負けず劣らない

数が公園の中も沿道にも林立する。

大学広報戦略から見れば、土曜の朝から2時間11％を超える視聴率を稼ぐ大学スポーツならば、陸上競技部ではなく駅伝部に特化して予選会に出場するだけでも価値があるということになる。事実、新興の出場校においては競技力への強化方針が箱根駅伝一点集中になりつつあり、学生スポーツがいびつになると危惧する識者がいる。

強化と選手勧誘

その新興大学や私学伝統校の強化の実態は90年代に入ってから顕著になっているが、国公立大学が本戦から姿を消し始めたのは１９６０年の36回大会辺りからで、資料によると埼玉大学（１９５９年、第35回大会）、横浜市立大学（１９６４年、第40回大会）、東京大学及び東京学芸大学（１９８４年、第60回大会）、第1回の出場にして優勝した東京高等師範学校や東京教育大学の流れを汲む筑波大学（１９９４年第70回大会）が、姿を消して既に21年が経つ。これを見ても、箱根駅伝は私立大学のブランド見本市と化し、それを追う新興勢力もメディアの注目度を上げるために様々な作戦をとることとなる。


前述した山梨学院大学は高校生からケニアの留学生を育て、第68回（１９９２年）に初優勝を遂げ、その回数は３度を数える。山梨学院大学は87年のテレビ放送に合わせるかのように本戦に登場、そして全区間完全中継となった89年には、各校エースが揃う花の２区にケニア留学生のオツオリ選手を投入。その驚異的な走りに視聴者の目は画面に釘付けにされ、一躍その名は全国に知られることになった。以来7年間、山梨学院大学の２区はケニア留学生の指定席となり、箱根駅伝の最初の見せ場でのテレビ画面はトップのプルシアンブールのユニフォームを映し続け、校名を連呼するという最高のプロモーションの場を提供することとなった。その頃になると、川越など埼玉に多くの学部キャンパスを移して学生の人気度が落ちていた東洋大学や学生野球で知名度を高めた亜細亜大学や大東文化大学、駒沢大学など新興大学が、先行する山梨学院大学の戦略をなぞるかのように箱根駅伝の強化を始め、上位校としての大学名の浸透が定着していく。

しかし、草創期から優勝を重ねてきた伝統校と、東京オリンピック以降に台頭してきた第２期世代の強豪校（順天堂大学、日本体育大学、神奈川大学）との優勝争いは熾烈を極め、その新旧の世代交代が本格的に始まったのは

2000年を迎えてからである。そのために新勢力と呼ばれる大学や毎回シード権圏外に落ちる大学では、長期プランの中で高校長距離界の有望選手を集め、嘗て箱根駅伝で選手として勇名を轟かせた者を指導者に迎えいれて強化を図って来ている。

その辺りの事情に詳しく箱根駅伝ウォッチャーでもある金子俊二（元・順天堂大学駅伝コーチ）氏に、活躍が著しい大学の選手強化の実態や選手勧誘に繋がる奨学金等制度について聞いてみた。「近年、優勝争いをしている大学の中には実業団チーム顔負けの、1・5億〜2億円までの強化費を投入しているところもあります。そして、高校駅伝での上位校選手に対して、入試条件の緩和や学費免除額などを提示して勧誘しているようです。さらに、入学後の条件として生活費（小遣い）、マッサージ費用、服や靴の購入費までも、幅広く面倒見ると提示するスカウトがいると聞きます。また、投入された莫大な強化費の使途については、選手の試合関係費や遠征費、合宿補助、寮費やその食事までにも広がっているのではないでしょうか。ここまで来ると学生スポーツの主旨から逸脱しています」と、行き過ぎた選手待遇の問題を指摘する。そのなかでも、奨学金制度の実態は大学の運営面でのグレーの部分が多く、その全容はなかなか見えてこないという。「これまでの入学条件提示型から、近頃は出来高払い制の方に向かっている傾向にあると、私は聞いています」と、プロ野球の選手ではないかと耳を疑うような話もしてくれた。

活動費（勧誘費）などの財源の出所については「大学、OB会からの援助、同窓会、関連企業からの援助等が考えられるが、我々には知られたくない部分があるのでしょう。これも実際のところはなかなか見えてこないですね」と、箱根駅伝強化についてはベールに包まれた部分が多いことを示唆してくれた。確かに、選手起用についても暮れの29日に締め切られる区間エントリーから、当日朝レース開始1時間前に受け付けるメンバー変更など、ライバル校に情報が漏れないために各校が緘口令を敷くように、強化費や選手勧誘情報もまた大学・チーム関係者の最高機密なのであろう、手の内を見せないのも当然である。

新新興校群といわれる勢力の取り組み

山梨学院大学の大成功事例は、新新興大学と言われる中央学院大学、関東学院大学、帝京大学、城西大学、国学院大学、上武大学、創価大学、それに今年新たに名乗りを上げた東京国際大学のお手本になっていることは衆知の通りである。

このグループの多くは大学経営をビジネスとして捉えており、箱根駅伝出場を明快に大学宣伝の術として取り組んでいる。中心戦力は留学生で対応する。監督は知名度のある人材を招聘して、選手とその父兄や高校指導者に絶対的な信頼感を持たせる。例えば、上武大学の花田監督は嘗て早稲田大学が8年ぶりに総合優勝を飾った時の武井・櫛部と並ぶ三羽烏として知られており、花田監督の就任と同時に陸上競技部から駅伝部を分離して強化に取り組んだ。その結果、監督就任5年目で本戦初出場を果たし、群馬県唯一の出場校として名を上げている。城西大学は、前出の早稲田三羽烏の櫛部氏を２００４年から現役ランナーのまま監督に迎えて、いきなり本戦初出場を果たす。国学院大学は２０００年の駒澤大学優勝時の主将を務め実業団でも活躍した前田康弘氏を招き、２０１０年以降5回連続の本戦出場を果たしている。そして特筆すべきは東京国際大学である。指導者を箱根駅伝14回の優勝に輝いた中大ＯＢを、総監督（横溝三郎氏）と監督（大志田秀次氏）に招いて強化に取り組んだ。結果は、第92回大会の予選会において創部5年目で本戦初出場という偉業を果たした。

ここに紹介した大学は、箱根駅伝を知り尽くし現役時代に名を残したランナー達を指導者に迎え、明確な目標設定と的確な指導法が実を結んだ成功事例である。帝京大学も実業団の神戸製鋼陸上部元監督の喜多秀喜氏を駅伝部監督（94年～２００５年）に招聘し基礎強化に成功、以後、何度か予選落ちも経験するが着実に常連出場校として地歩を固めている。いずれも、大学の目指す目標と取り組む姿勢が金と人を呼び込み、テレビを最大限に活用する戦略が生まれてきていることは言うまでもない。

しかし、画面を映し出すカメラの視線がレースから外れ、出場校のプロモーションのサポートを意図した演出に走り出すと、箱根駅伝はますます劇場化し、偶然起きるドラマやエキサイティングな場面を見逃してしまう恐れがある。

出場校の紹介や選手・監督プロフィールが巧妙にテレビ画面の中に挟み込まれる新しいプロモーションビジネスとして、暗黙の合意がなされていると下衆の勘ぐりはしたくないが、正月にふさわしいシンプルで堅実なスポーツ中継を観たいと願うのは筆者ばかりではあるまい。

【参考文献】

山田満「２００７年箱根駅伝総合優勝の広報効果の研究」、『順天堂大学スポーツ健康科学研究』第11号（２００７）

箱根駅伝歴代優勝校

関東学生陸上競技連盟オフィシャルウェブサイトより作成

回数	開催年	総合優勝校	往路優勝校	復路優勝校	回数	開催年	総合優勝校	往路優勝校	復路優勝校
92	2016	青山学院大学	青山学院大学	青山学院大学	46	1970	日本体育大学	日本体育大学	日本体育大学
91	2015	青山学院大学	青山学院大学	青山学院大学	45	1969	日本体育大学	日本体育大学	日本体育大学
90	2014	東洋大学	東洋大学	東洋大学	44	1968	日本大学	日本大学	日本大学
89	2013	日本体育大学	日本体育大学	駒澤大学	43	1967	日本大学	日本大学	日本大学
88	2012	東洋大学	東洋大学	東洋大学	42	1966	順天堂大学	順天堂大学	日本大学
87	2011	早稲田大学	東洋大学	早稲田大学	41	1965	日本大学	日本大学	日本大学
86	2010	東洋大学	東洋大学	駒澤大学	40	1964	中央大学	中央大学	中央大学
85	2009	東洋大学	東洋大学	東洋大学	39	1963	中央大学	中央大学	明治大学
84	2008	駒澤大学	早稲田大学	駒澤大学	38	1962	中央大学	中央大学	中央大学
83	2007	順天堂大学	順天堂大学	順天堂大学	37	1961	中央大学	中央大学	中央大学
82	2006	亜細亜大学	順天堂大学	法政大学	36	1960	中央大学	日本大学	中央大学
81	2005	駒澤大学	東海大学	駒澤大学	35	1959	中央大学	中央大学	日本大学
80	2004	駒澤大学	駒澤大学	駒澤大学	34	1958	日本大学	日本大学	日本大学
79	2003	駒澤大学	山梨学院大学	駒澤大学	33	1957	日本大学	日本大学	早稲田大学
78	2002	駒澤大学	神奈川大学	駒澤大学	32	1956	中央大学	中央大学	中央大学
77	2001	順天堂大学	中央大学	順天堂大学	31	1955	中央大学	中央大学	中央大学
76	2000	駒澤大学	駒澤大学	駒澤大学	30	1954	早稲田大学	早稲田大学	早稲田大学
75	1999	順天堂大学	駒澤大学	順天堂大学	29	1953	中央大学	中央大学	中央大学
74	1998	神奈川大学	神奈川大学	神奈川大学	28	1952	早稲田大学	中央大学	早稲田大学
73	1997	神奈川大学	神奈川大学	駒澤大学	27	1951	中央大学	中央大学	中央大学
72	1996	中央大学	早稲田大学	中央大学	26	1950	中央大学	中央大学	中央大学
71	1995	山梨学院大学	早稲田大学	中央大学	25	1949	明治大学	明治大学	中央大学
70	1994	山梨学院大学	山梨学院大学	山梨学院大学	24	1948	中央大学	中央大学	中央大学
69	1993	早稲田大学	早稲田大学	早稲田大学	23	1947	明治大学	明治大学	慶応義塾大学
68	1992	山梨学院大学	山梨学院大学	順天堂大学	22	1943	日本大学	慶応義塾大学	専修大学
67	1991	大東文化大学	大東文化大学	順天堂大学	21	1940	日本大学	日本大学	日本大学
66	1990	大東文化大学	大東文化大学	中央大学	20	1939	専修大学	専修大学	日本大学
65	1989	順天堂大学	順天堂大学	順天堂大学	19	1938	日本大学	日本大学	日本大学
64	1988	順天堂大学	順天堂大学	順天堂大学	18	1937	日本大学	日本大学	日本大学
63	1987	順天堂大学	日本体育大学	順天堂大学	17	1936	日本大学	日本大学	日本大学
62	1986	順天堂大学	早稲田大学	順天堂大学	16	1935	日本大学	日本大学	日本大学
61	1985	早稲田大学	早稲田大学	日本体育大学	15	1934	早稲田大学	早稲田大学	日本大学
60	1984	早稲田大学	早稲田大学	早稲田大学	14	1933	早稲田大学	早稲田大学	早稲田大学
59	1983	日本体育大学	日本体育大学	早稲田大学	13	1932	慶応義塾大学	日本大学	早稲田大学
58	1982	順天堂大学	日本体育大学	早稲田大学	12	1931	早稲田大学	法政大学	早稲田大学
57	1981	順天堂大学	順天堂大学	大東文化大学	11	1930	早稲田大学	慶応義塾大学	早稲田大学
56	1980	日本体育大学	日本体育大学	日本体育大学	10	1929	明治大学	早稲田大学	明治大学
55	1979	順天堂大学	順天堂大学	日本体育大学	9	1928	明治大学	明治大学	早稲田大学
54	1978	日本体育大学	順天堂大学	日本体育大学	8	1927	早稲田大学	早稲田大学	早稲田大学
53	1977	日本体育大学	日本体育大学	日本体育大学	7	1926	中央大学	中央大学	明治大学
52	1976	大東文化大学	大東文化大学	日本体育大学	6	1925	明治大学	中央大学	明治大学
51	1975	大東文化大学	大東文化大学	大東文化大学	5	1924	明治大学	東京高等師範学校	明治大学
50	1974	日本大学	東京農業大学	大東文化大学	4	1923	早稲田大学	明治大学	早稲田大学
49	1973	日本体育大学	日本体育大学	大東文化大学	3	1922	早稲田大学	東京高等師範学校	早稲田大学
48	1972	日本体育大学	日本体育大学	日本体育大学	2	1921	明治大学	早稲田大学	東京高等師範学校
47	1971	日本体育大学	日本大学	日本体育大学	1	1920	東京高等師範学校	明治大学	東京高等師範学校

執筆者プロフィール

岡崎 満義

1936年、鳥取県生まれ。

1960年株式会社文藝春秋入社。雑誌「文藝春秋」「週刊文春」「オール讀物」編集部を経て、1979年新雑誌編集長（部長）となり、スポーツ総合誌「Sports Graphic Number」初代編集長として活躍。「文藝春秋」編集長などを経て1999年退社。著書に『長島茂雄はユニフォームを着たターザンである』（大和書房）、『文藝春秋にみるスポーツ昭和史』全3巻（文藝春秋）、『想い出の作家たち』全2巻（文藝春秋）、『人と出会う』（岩波書店）。

現在フリージャーナリスト。99年よりミズノスポーツライター賞選考委員長を務める。

杉山 茂

1936年、東京都生まれ。

1959年NHKにディレクターとして入局、スポーツ番組の制作、放送権ビジネスを手がける。

1988年～1992年6月までスポーツ報道センター長を務めた。オリンピック取材12回。1998年NHK退局。元Jリーグ理事。

現在、番組制作会社（株）エキスプレス・スポーツ、エグゼクティブプロデューサーのかたわらスポーツ評論の著述を行っている。ミズノスポーツライター賞選考委員。

海老塚 修

1951年生まれ。

慶應義塾大学卒。1974年電通入社。営業企画局、ISL室を経て米国法人ISMサッカーに赴任。スポーツマーケティング局企画業推部長、ISL事業部長などを務めた。

現在、慶應義塾大学大学院健康マネジメント研究科教授。日本BS放送番組審議員、余暇ツーリズム学会常任理事。

著書に『スポーツマーケティングの世紀』（電通）、『バリュースポーツ』（遊戯社）がある。

桂川 保彦

1944年、岐阜県生まれ。

1962年美津濃（株）入社、生産・営業・企画を経て販売促進部にて体協・競技団体を担当。76年モントリオールから夏冬五輪をカバー。88年社長室長、93年アスレティック事業部東日本営業部次長、94年アスレティックフットウエア企画部次長など担当。95年（財）水野スポーツ振興会（財）水野スポーツ国際交流財団事務局長を務めた。

04年東亜大学サービス産業学部教授を経て08年帝京平成大学地域医療学部教授、江戸川大学客員教授。

現在、帝京平成大学客員教授、同スポーツアカデミー運営委員長。専門はスポーツ産業論。

執筆者プロフィール

滝口　隆司

1967年、大阪府生まれ。

1990年、関西大学から毎日新聞社入社。いわき支局、福島支局を経て東京本社運動部に在籍し、長野冬季五輪、シドニー五輪、アテネ五輪のほか、野球、サッカー、ラグビー、大相撲など幅広く担当した。運動部デスクを経て編集委員となり、長期連載した「五輪の哲人　大島鎌吉物語」で2014年のミズノスポーツライター賞優秀賞。2015年から水戸支局長。

著書に『スポーツ報道論　新聞記者が問うメディアの視点』（創文企画）。

佐藤 次郎

1950年、横浜市生まれ。

中日新聞社に入社し、同東京本社（東京新聞）社会部、特別報道部などをへて同運動部勤務。夏冬の五輪を6度にわたり現地取材。運動部長、編集委員兼論説委員などを務め、2015年退職。その後も取材、評論活動を続けている。笹川スポーツ財団評議員。

主な著書に『東京五輪1964』（文春新書）、『義足ランナー　義肢装具士の奇跡の挑戦』（東京書籍）、『砂の王メイセイオペラ』（新潮社）など。ミズノスポーツライター賞、JRA馬事文化賞受賞。

薗田 碩哉

1943年、横浜市生まれ。

東京大学文学部卒。（財）日本レクリエーション協会で30年間、広報、出版、企画、調査等に従事し、人材開発本部長、組織本部長を歴任。その後、実践女子短大生活福祉学科教授、2012年退官。体育科学博士。町田市の里山で「さんさん幼児園」を経営、その後、NPOさんさんくらぶを設立して地域の自然保護や文化振興に関わる。

現在はNPO法人町田市レクリエーション連盟理事長、同市生涯学習審議会会長。

著書には『遊びの構造論』『遊びの文化論』『遊びと仕事の人間学』『日本社会とレクリエーション運動』『余暇の論理』『余暇という希望』などがある。

上柿 和生

1945年、京都府生まれ。

1969年、順天堂大学から（財）日本レクリエーション協会出版課に入局。月刊「レクリエーション」誌の編集に携わる。その後、フリーランスのスポーツライター、イベントプロデューサーなどを経て、89年（株）スポーツデザイン研究所設立。スポーツ評論家川本信正氏を塾長に、本邦初のスポーツマスコミ講座を30期（20年間）に亘り開講、スポーツメディア界で活躍する人材育成に携わる。

現在、ミズノスポーツライター賞選考実務委員・事務局長、一般社団法人日本さんぽか協会代表理事。

編集協力　㈱スポーツデザイン研究所
http://www.sportsnetwork.co.jp
写真提供　フォート・キシモト

スポーツアドバンテージ・ブックレット6
箱根駅伝の正体を探る

2016年1月25日　第1刷発行

編　者　杉山　茂・岡崎満義・上柿和生
発行者　鴨門裕明
発行所　㈲創文企画
〒101－0061
東京都千代田区三崎町3－10－16　田島ビル2F
電話　03－6261－2855　　FAX　03－6261－2856
http://www.soubun-kikaku.co.jp
印　刷　壮光舎印刷㈱

ISBN 978-4-86413-076-9

© Sugiyama Shigeru, Okazaki Mitsuyoshi, Uegaki Kazuo 2016